Tu aurais pu vivre encore un peu…

Tu aurais pu vivre encore un peu… est le cent quatre-vingtième ouvrage publié par les Éditions Bruno Doucey

Partenariats

Éditions Bruno Doucey
Cour d'Alsace-Lorraine
67, rue de Reuilly
75012 Paris
www.editions-brunodoucey.com

ISBN : 978-2-36229-335-1

Ernest Pignon-Ernest
Lyonel Trouillot

Tu aurais pu vivre encore un peu…

Préface de Bruno Doucey

Éditions Bruno Doucey

Pour les uns, il reste celui qui chantait les poètes, Aragon en tête, d'une voix chaude et claire. Pour les autres, Jean Ferrat, né Tenenbaum, est le fils d'un ouvrier déporté puis assassiné à Auschwitz. D'autres encore se souviennent des soirs de Fête de l'Huma, de la fraternité qu'il portait en bandoulière comme une besace de mineur, des jours de pétanque sur la place de la Résistance à Antraigues, de la montagne que ses pas d'homme libre rendaient plus belle encore.

Pour Ernest Pignon-Ernest et Lyonel Trouillot, Jean Ferrat fut tout cela et bien plus encore. Un ami. Un frère. Un phare. Un trait d'union aussi, puisque l'artiste et l'écrivain se rencontrent à Port-au-Prince, en Haïti, dans une soirée où les chansons de Ferrat tintent dans les cœurs comme un vin de vigueur. Le premier fut son ami ; le second ne l'a jamais rencontré mais ses textes vivent en lui depuis toujours. Il n'en fallait pas davantage pour que naisse l'envie de célébrer à quatre mains, prose et portraits mêlés, la mémoire de ce camarade essentiel.

Les circonstances vont offrir une occasion rêvée de donner corps à ce projet. Au début de l'année 2020, Ernest Pignon-Ernest est invité pour une résidence artistique au Cairn de Meyrin, dans le Canton de Genève. Lyonel Trouillot le rejoint. Commence alors une aventure commune : celle qui conduit à l'exposition « Les Murs du lendemain », qui s'est tenue à l'occasion du 18e Forum international sur les droits humains de Genève, puis au livre que vous tenez entre les mains.

Le reste ne se raconte pas. Il se lit, se vit et se regarde, comme on regarde la voie lactée au mois d'août. Car elles sont là les étoiles de la constellation Ferrat : Aragon, Desnos, Lorca, Maïakovski, Neruda, Machado, Elsa Triolet, Van Gogh, Hölderlin… et même le vieil Hugo. Faites un vœu quand scintillera l'émotion que procurent ces pages. Chanter, écrire, dessiner, c'est toujours rêver de beaux lendemains.

Bruno Doucey

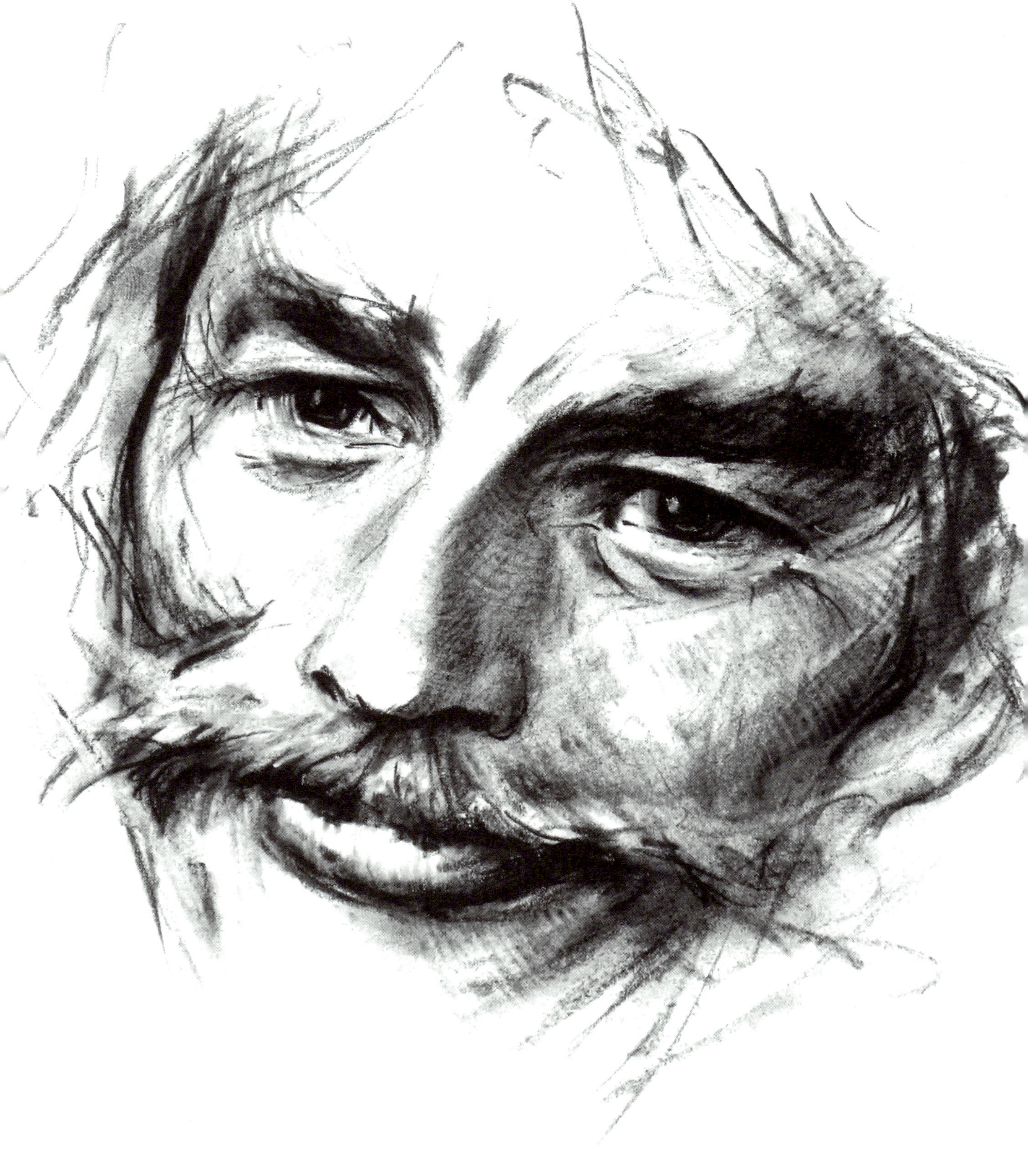

Je t'écris de Port-au-Prince où deux cent mille personnes ont trouvé la mort, sous les décombres, quelques semaines avant que toi tu ne nous quittes. 2010, dans ma mémoire, c'est eux et toi. À Paris, je venais d'intervenir dans une émission de télévision sur les conséquences du séisme en Haïti, à laquelle participaient de prétendus experts de la chose haïtienne. L'émission, mauvaise, était programmée pour être diffusée le lendemain de son enregistrement. Elle n'a jamais été diffusée. Tu es mort ce jour-là, et elle a été remplacée par une émission spéciale qui t'était consacrée. Dans ma chambre d'hôtel à Saint-Germain, j'ai regardé cette émission spéciale. Je devais n'avoir que dix ans quand j'ai commencé à écouter tes chansons. En pensant à cette horreur enregistrée la veille, à ton répertoire, à tes prises de position, à ce flot de discours, de spectacles, de paroles et de mélodies qui font les voix du monde, j'ai compris que la distance est bien grande entre le mensonge et la vérité, entre le futile (je n'ai pas dit la gratuité) et l'utile, entre les fils, qui tissent les liens nécessaires à nos destins de frères humains, et les barbelés, barrières que nous dressons en les cachant souvent derrière des faux-semblants. D'une émission à l'autre, le temps d'un soir, la dure vérité de ta mort clouait la gueule au faux-semblant sur mes deux cent mille morts.

Quelques jours plus tard, de retour à mes activités régulières dans ce Port-au-Prince d'où je t'écris, te parler m'était devenu nécessaire. Tu faisais partie de mes morts: il faut causer avec ses morts. Au fil du temps, avec Ernest, ton ami, quelque chose s'est mis en place. Lui t'a connu dans ta vie. Moi, je ne connais que tes chansons. Il est juste que mes mots accompagnent ses dessins.

À L'ARBRE
DE L'ENFANCE

Paul Éluard

Dans la foule, pour la foule
un homme va son pas de l'horloge à la vigne
dans ses mains les mots ont pris les formes
de choses très concrètes :
le pain toujours de vie
l'amour et les couleurs

Dans ses mains, encore,
offrande nue
un cœur qui bat à bout portant

Quand le poème advient comme une entame
ce n'est jamais l'innocence qui manque
ni l'accolade
ni l'épaule
pour le retour à l'arbre de l'enfance

t à rien plus faire

vos crimes vos gra

lo tient le monde

ures d'Éluard -

en finissent pas

re qu'il est temps

la France

voix de multiple

qui parle toujours

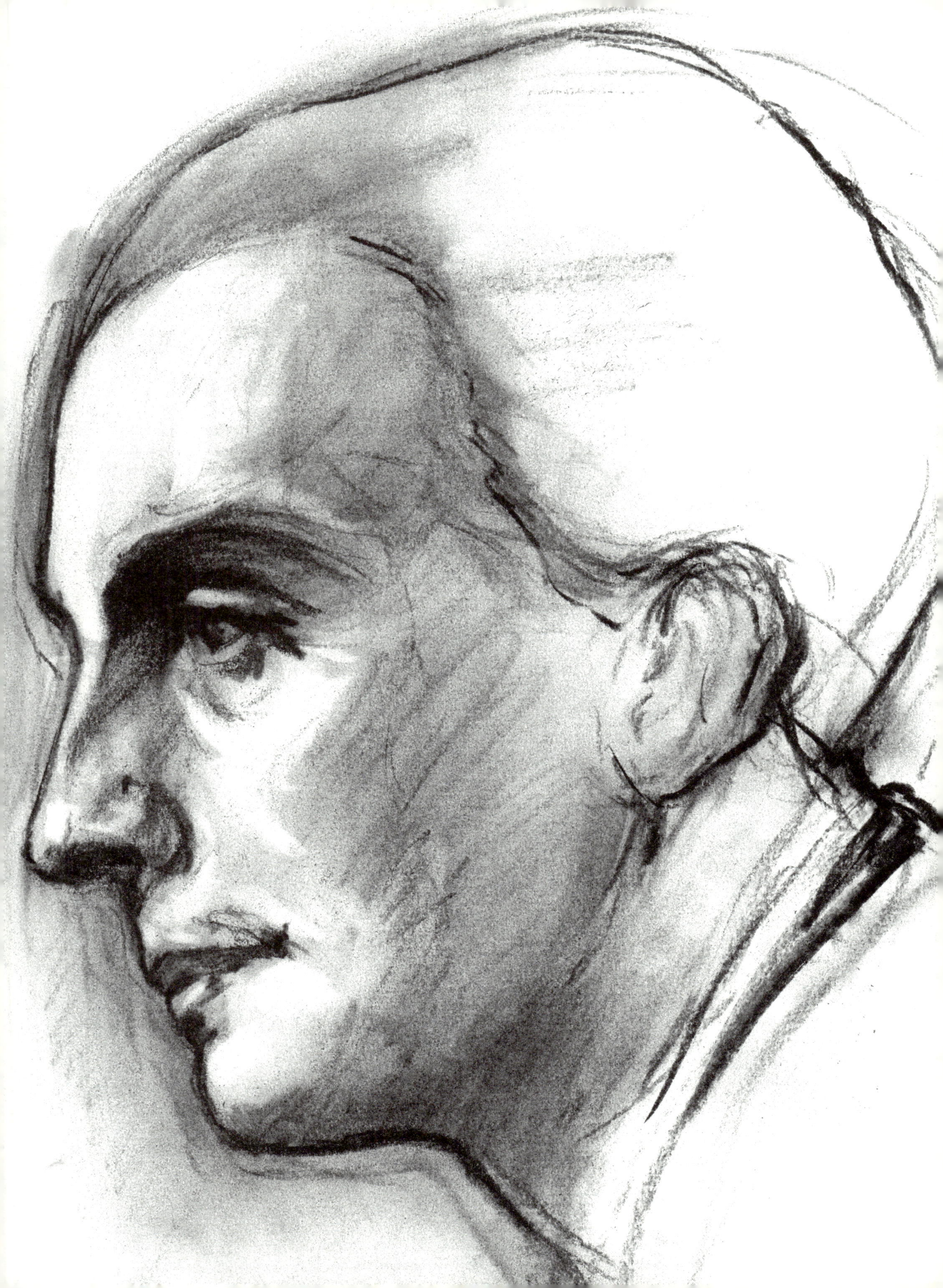

DES INCONNUS PAUVRES ET LAS...

Nus, « des inconnus pauvres et las » qui, en l'absence de poèmes, ignorent le moindre de leurs droits, jusqu'au dernier : le désespoir. Il n'y a plus de guitares pour jouer les sérénades. « Des abeilles [qui] volaient futures de leur miel » dans le poème d'Éluard sont tombées d'un ciel trop bas. Tous les cieux sont trop bas, même pour les abeilles. Dans le désert et dans le froid ne passent plus les ombres immenses de Neruda ou de Maïakovski. Nus « des inconnus pauvres et las », « ombres maigres et dures » allant leur petit pas de destins ordinaires. Les hommes qui rêvent debout ont cédé le passage aux multitudes qui dorment debout.

Et que nous reste-t-il hormis leurs voix ?

Hormis ta voix ?

Pas même « le désespoir qu'il faut à l'espérance ».

Au-dessus des é
au-dessus des fo
un plain-chant m
Est-ce vers l'éto
est-ce vers l'ét
arlowe il te fau
on pour Verlaine
e leur poignards
l la lueur d'hive

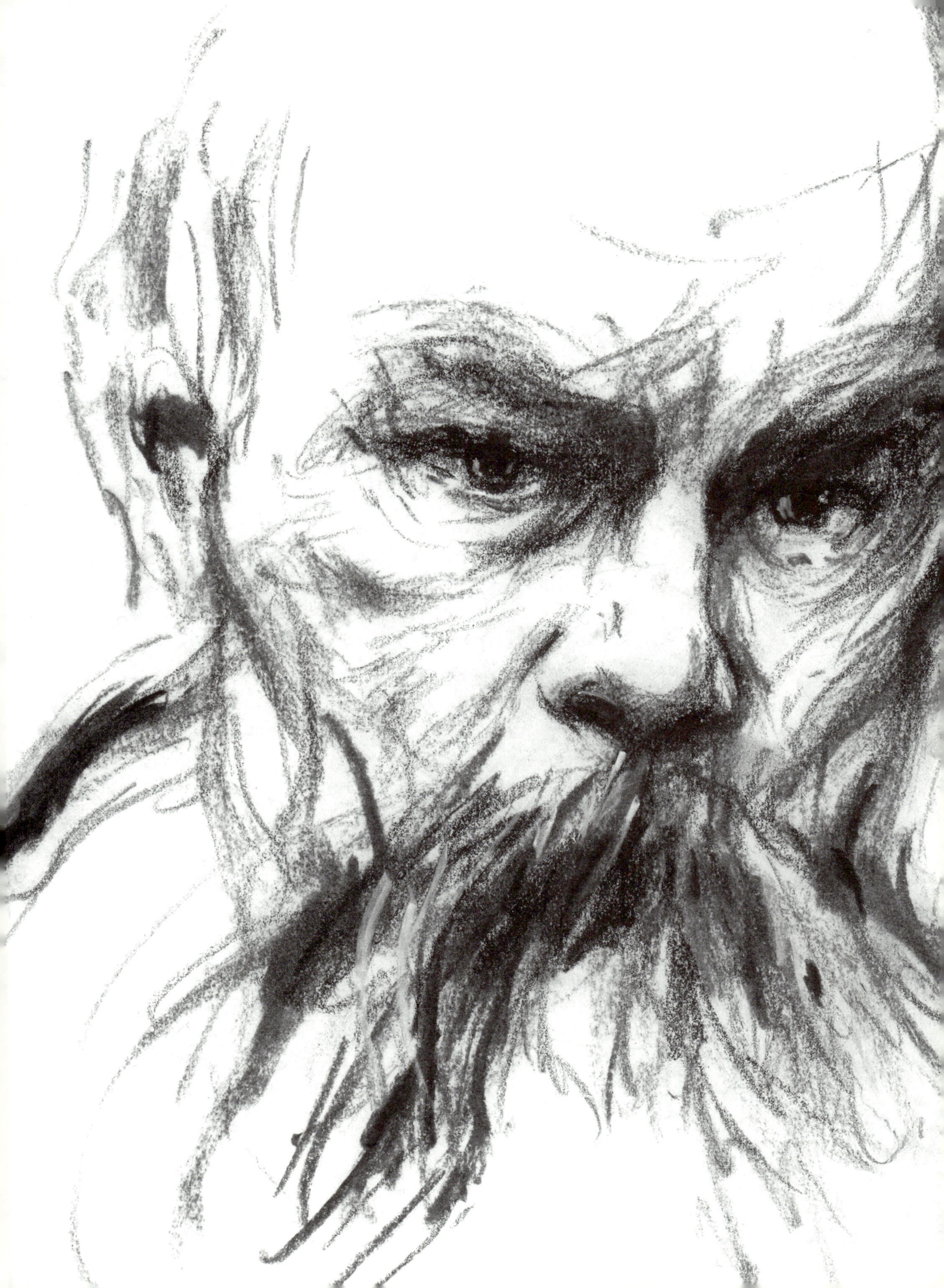

Noyée dans la cacophonie des éloges prononcés au lendemain de ta mort, cette phrase d'un vieux de ton village d'adoption : « Jean, ce n'est pas un chanteur, c'est un homme qui chante. » Un homme qui chante porté par le besoin de dire une chose très simple. Un aveu plus qu'une confidence. « J'aurais simplement voulu être heureux. » Cela s'entend et ne propose rien d'original. Lieu commun en effet que vouloir être heureux. Mais, voilà, pour ce Jean-là, le bonheur n'était pas un objectif ou une vérité que l'on pouvait atteindre seul. Ce désir d'être heureux s'accompagnait d'un autre souhait : « J'aurais tant voulu vivre un monde heureux. » Et tout toi se jouait là, dans la simplicité tenace du lien entre ces deux énoncés.

QU'AURAIS-JE ÉTÉ,

QU'AURAIS-JE ÉTÉ ?...

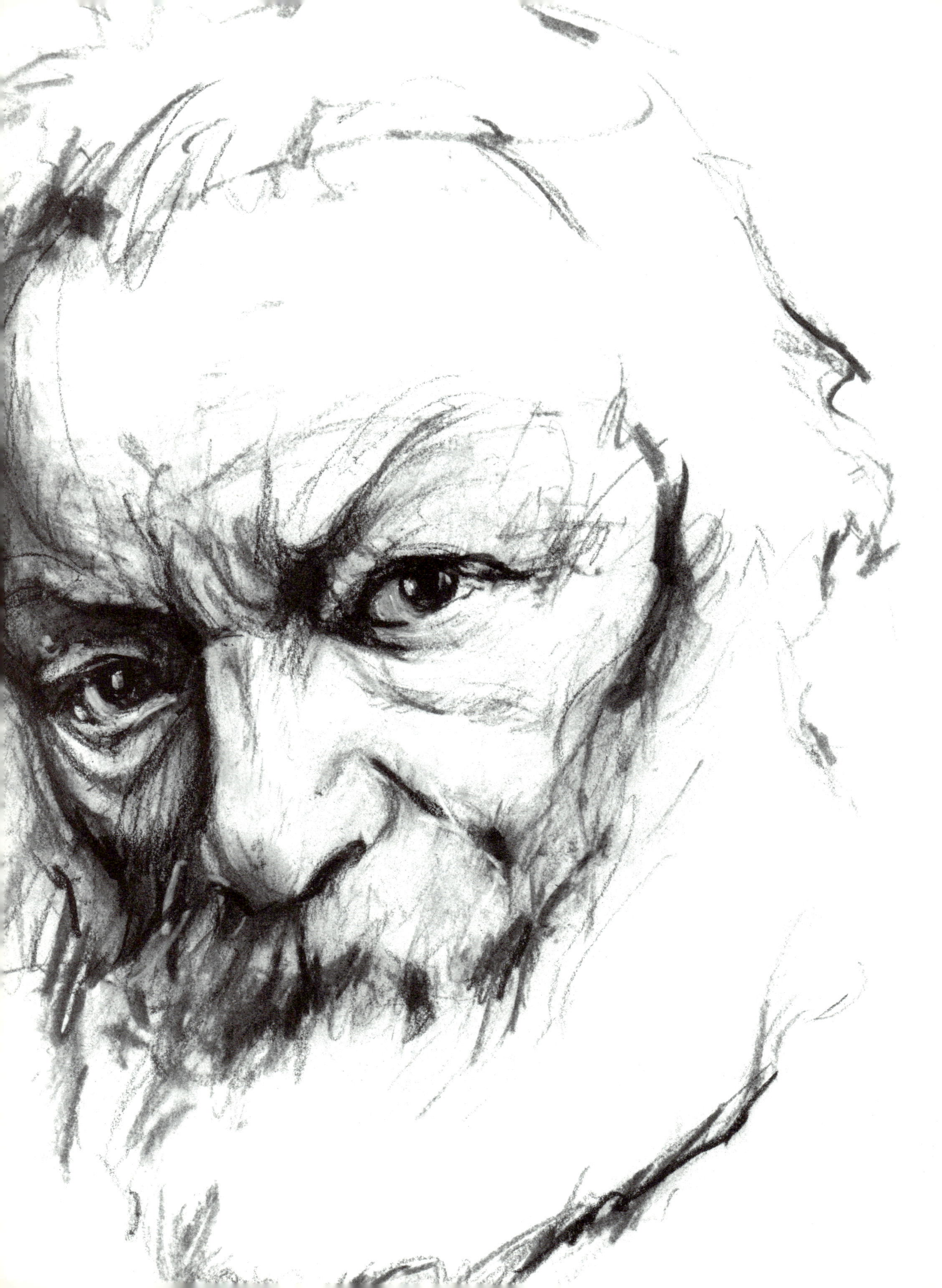

liberté au-delà des
étrangers qui don
usurpez aujourd
toujours du nom de
eil Hugo tonnant
s de cinq ans trav
nstruisit de ses m
onsieur Thiers a
Ma France

UN JOUR FUTUR ET DES MILLIONS DE JOURS...

LE COURAGE DE LA VÉRITÉ

« Un jour futur », « J'imagine »... Tu croyais en cette chose qu'un présentisme quasi totalitaire reposant sur une obsession de la fin (de l'Histoire, des idéologies, des grands récits, des utopies...) voudrait nous interdire comme rêve ou projet, ou simplement comme un possible découlant de nos actes : le futur. Dans tes premières chansons, il semblait correspondre à cet idéal communiste que des plans et des crimes sont venus galvauder. Avec le temps, et cette obsession tienne d'être au plus près de la vérité, tu as trouvé le courage de dire que l'avenir est une invention pas un prescrit, et les livres et les hommes qui prétendaient savoir ce qu'il serait nous avaient sans doute menti ou se mentaient à eux-mêmes.

Tu avais cependant gardé la certitude que ce « monde de malheur que les hommes se forgent », ils avaient la capacité de le défaire. « L'avenir l'avenir ne sera pas maudit. » Nous sommes nombreux, dans les pays de langue française, à te devoir la lucidité de dénoncer ce qui n'était que crime au nom de l'avenir, sans trahir l'idée d'un monde avec moins de souffrances et d'injustice.

Trahir ceux qui nous ont trahis.

Sans trahir le rêve d'avenir.

Comme tu le chantais :
« Au nom de l'idéal qui nous faisait combattre / Et qui nous pousse encore à nous battre aujourd'hui. »

te traitait de ver

que tu n'irais jam

s vois sur leur qui

e tes petits coups let

de

uinze années

que tu vois en R

PAUVRE BORIS

chercher en Am

qui fait des do

r ils chantent des

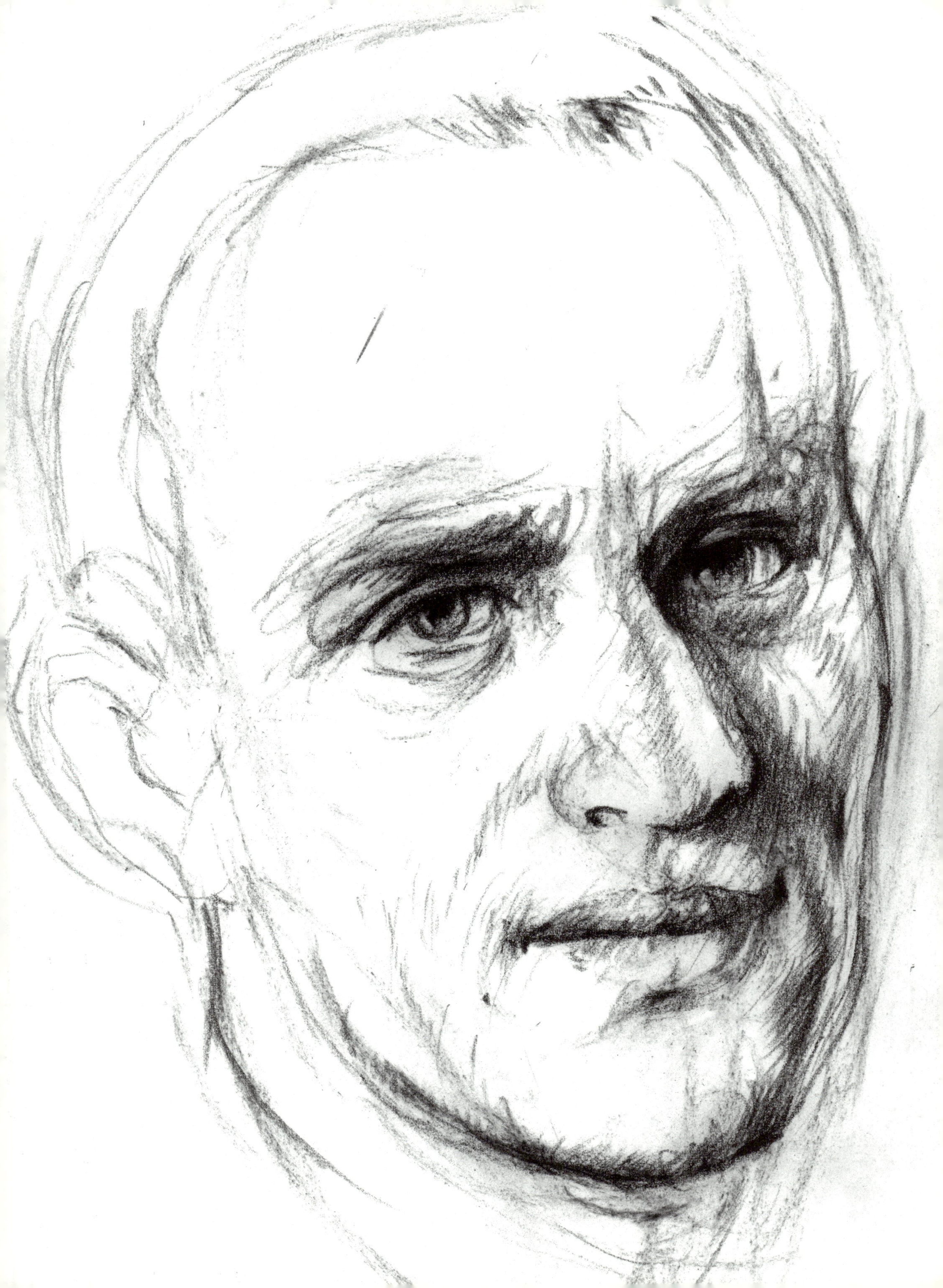

Les gens, il en est tant qui « n'ont qu'une / Chanson triste pour pleurer ». Leur offrir un chant qui aurait valeur de cours d'eau ou de fruit : « Mon chant est un ruisseau, mon chant est une mûre. »

Tu fus, Ferrat, « la bonne ferte ».

Quelque chose comme une aubaine.

TU AURAIS PU VIVRE ENCORE UN PEU...

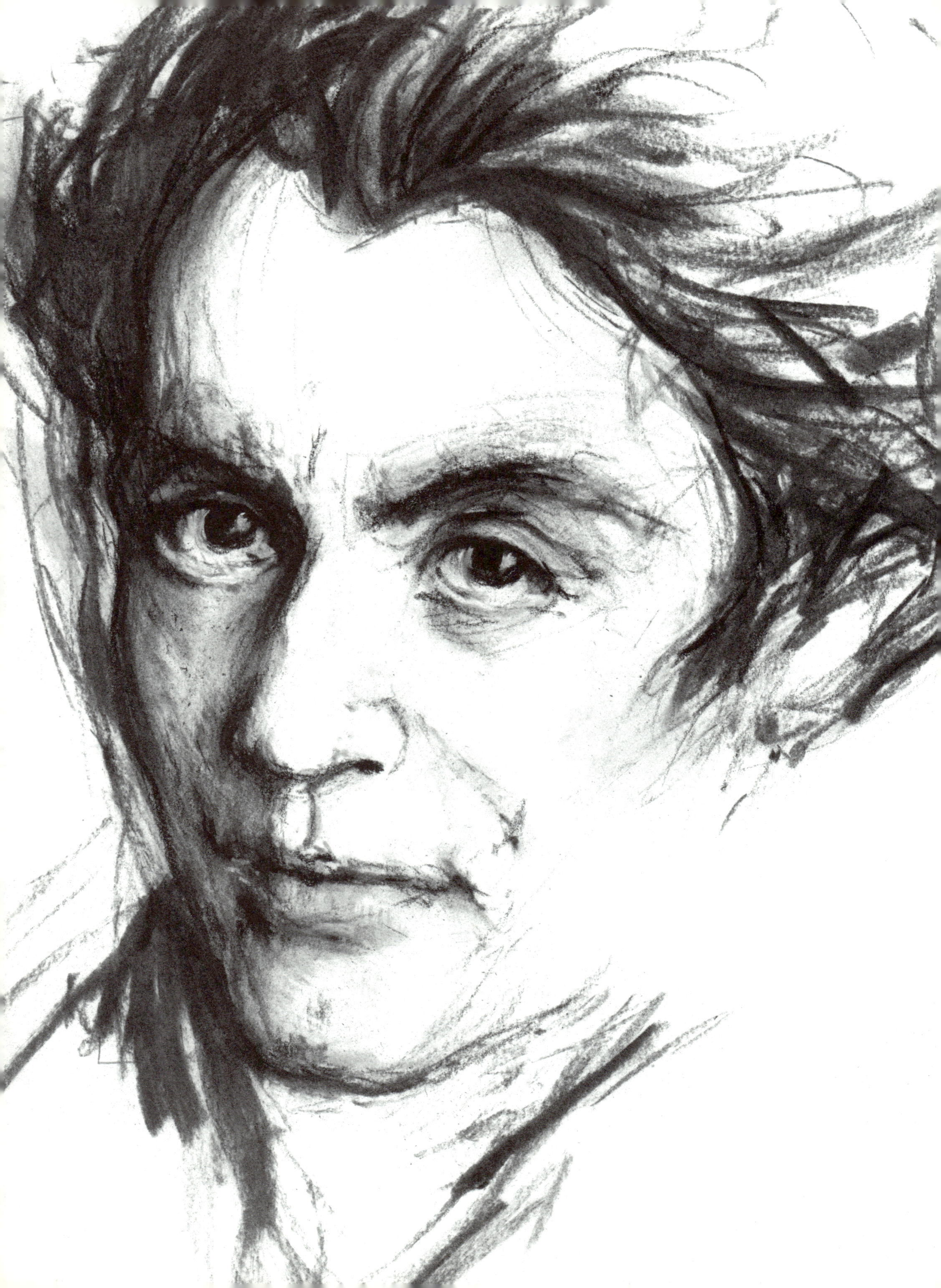

ur du pain et de pa

oids de ta main q

e un témoin du

cri qui gonfle la

LORCA à MAÏAK

poètes qu on a

qui se tuent pou

ne chante pas p

ont ouvert à n

VILLES ET
DE MORT ET DE
LE ROUGE
ET LE ROUGE

JARDIN D'AMOUR, LUMIÈRE DU FRUIT MÛR DU SANG

Federico García Lorca

Villes et jardin d'amour,
de mort et de lumière
le rouge du fruit mûr
et le rouge du sang

Pablo Neruda

Minerai, plante, pierre et sable
tu es la matière même
en son chant général

Debout
tu domines les hauteurs au pied desquelles tu te tiens

DEBOUT
TU DOMINES LES
HAUTEURS AU
PIED DESQUELLES
TU TE TIENS

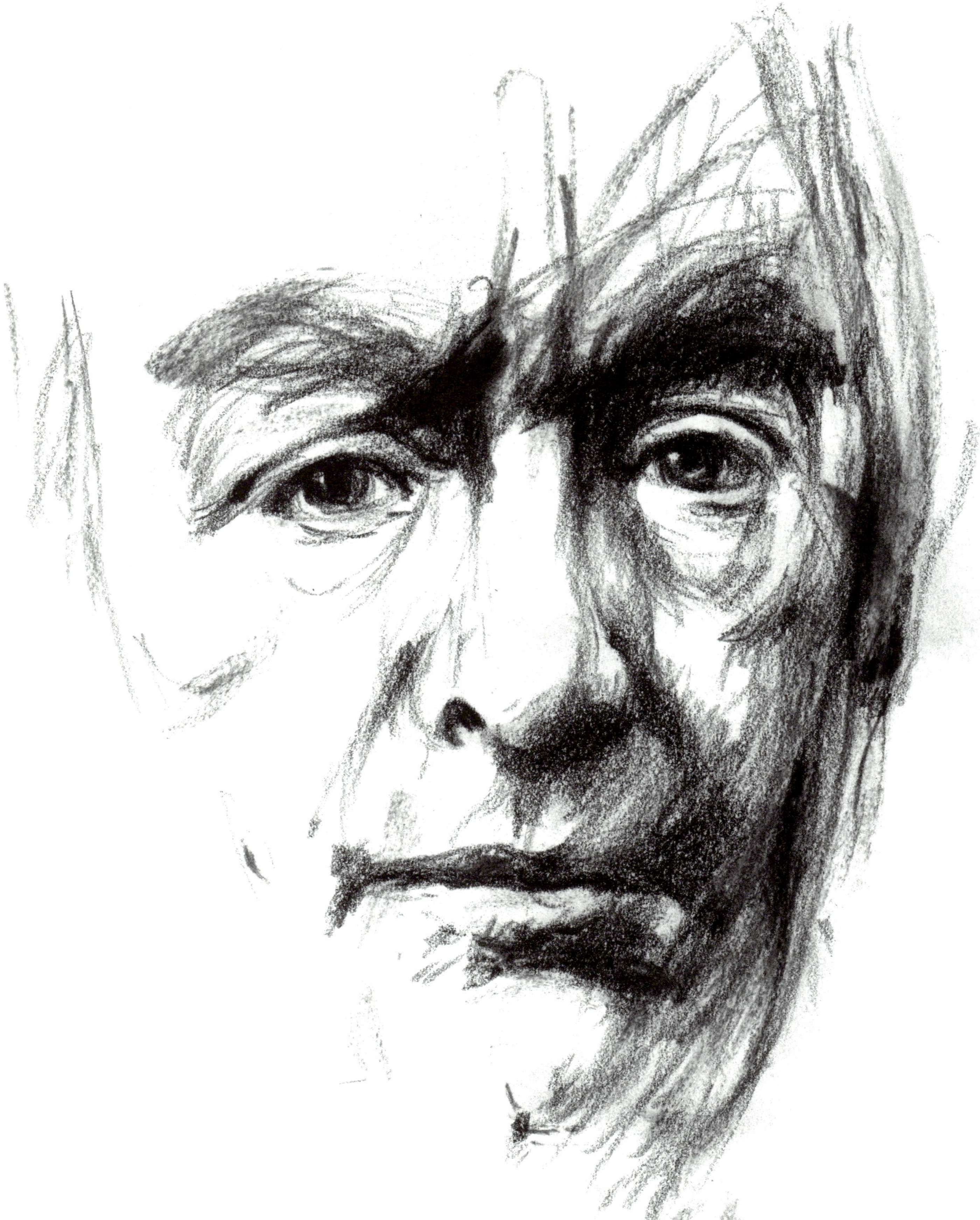

CROIRE COMMENT C…

…DETTANT DES SOLDATS

ENTENDS LA CHANSON

PABLO NERUDA

…ONET DE LA FAMINE

…RRE DES VOLCANS

…RME TE DOMINE

…X PAYS FRANCAIS

…BLE L'ON PEUVENT VI…

…REU ET DES PAYSA…

IL Y A CENT ANS, COMME UN, COMME UNE...

Le mythe de la mort du futur ne va pas sans son double : l'ignorance du passé. Il faut tuer hier, creuser des trous de mémoire, s'assurer qu'on n'ira pas chercher dans ce qui fut, les causes de ce qui est, et la route vers ce qui pourrait être.

Tu avais une sacrée mémoire.

Et cette discrétion, cette humilité qui taisait la blessure individuelle d'un père victime de la Shoah dans la grande histoire de l'horreur des camps et des déportations.

Et Pottier et Clément, cette Commune vouée à l'écrasement puis au silence et au dénigrement.

Et Potemkine, ces mutins, perdants superbes, qui retournèrent leurs fusils contre la cruauté de leurs chefs...

Et les « drapeaux se sont couchés à Waterloo ».

Ces « enfants de cinq ans travaillant dans les mines ».

« Et ces millions de morts qui forment le passif. »

Le Front populaire, la guerre civile espagnole, les colons et les caudillos, les moblots, les guérilleros, les guerres coloniales, les mercenaires qui partaient combattre « sans arrêt pour une bouchée de pain » parce qu'ils ne possédaient « rien que des souliers fatigués », les invasions barbares,

Maréchaux et thuriféraires, dictatures et révolutions,

Thiers et Pinochet,

Réfractaires et rebelles, Victor Hugo et Guy Môquet,

Toutes les violences de l'Histoire, les révoltes et les convulsions, les indignités subies, la dignité réaffirmée…

Le passé est fait de choses dont on peut être fier et de choses dont on peut avoir honte. « La honte est déjà une révolution », écrivait un mauvais poète devenu un grand philosophe. Dans ce « mauvais côté de l'Histoire qui fait l'Histoire », tu n'as laissé jeter dans un trou de mémoire ni les victimes ni les rebelles.

Merci pour eux.

Et au diable ceux qui veulent que «le sang sèche vite en entrant dans l'Histoire ».

À BRASSENS

uvre tes dents juste un

magie du mot et d

eur tout décor

quand tu parles de

s riment avec confe

ou pire encore

lot peut aligner les

façon de montrer

déplait pas

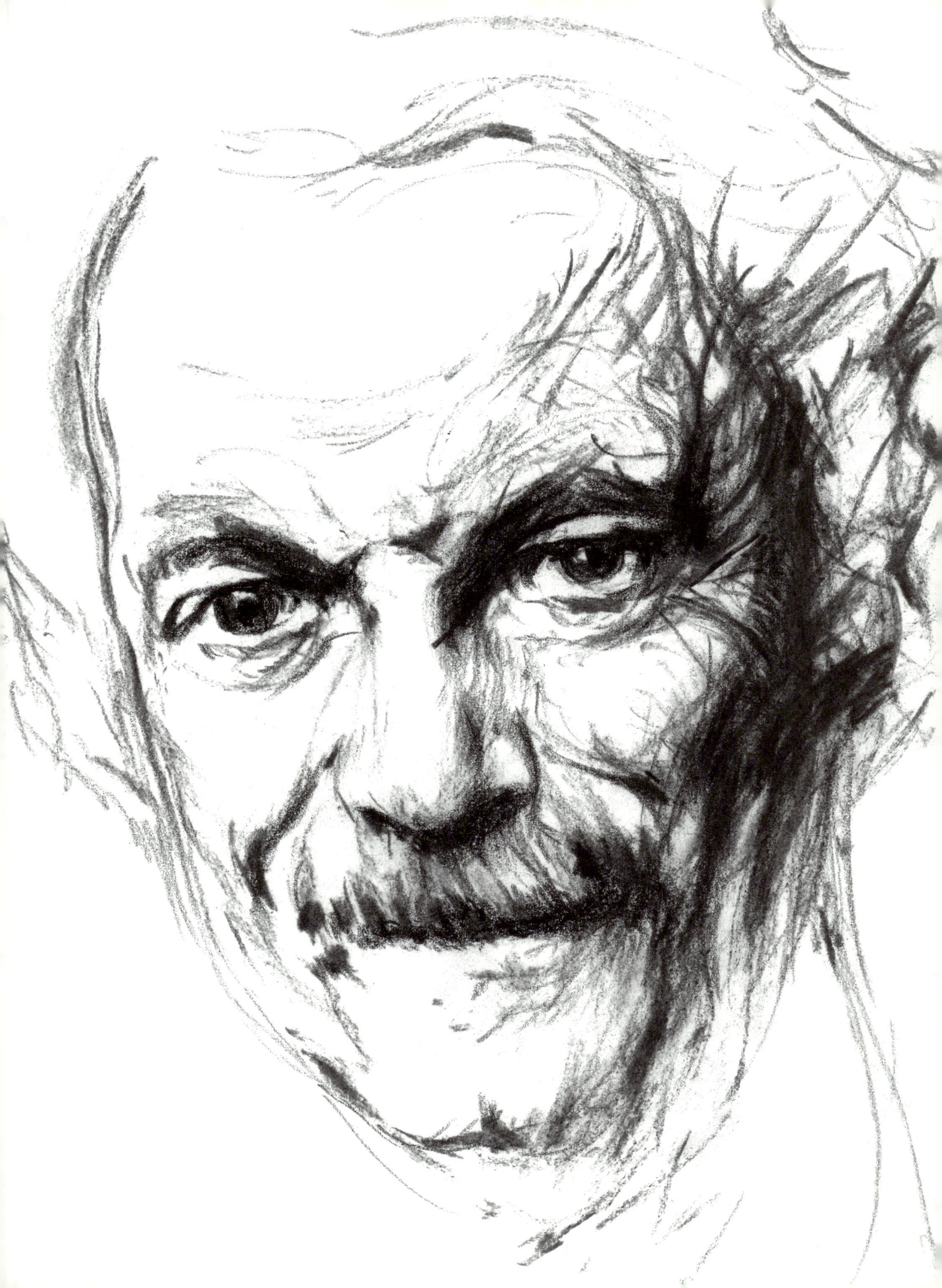

UN JOUR D'ÉPAULE
OÙ LES

NUE
GENS S'AIMERONT

TOUT SE PERD ET RIEN NE VOUS TOUCHE

Louis Aragon

« Tout se perd et rien ne vous touche. »

« Un jour d'épaule nue où les gens s'aimeront. »

Douleur et rêve sous le masque, tu es cet homme qui passe sous la fenêtre et chante.

Pour le conscrit des cent villages, le cent-unième, ce fut vivre.

Rarement passant aura-t-il eu autant besoin et peur des autres passants, de solitude qui doute et d'espérances communes.

Telles furent ta force et ta faiblesse.

Oiseau déguisé, s'il en fut : tu es ta dissemblance.

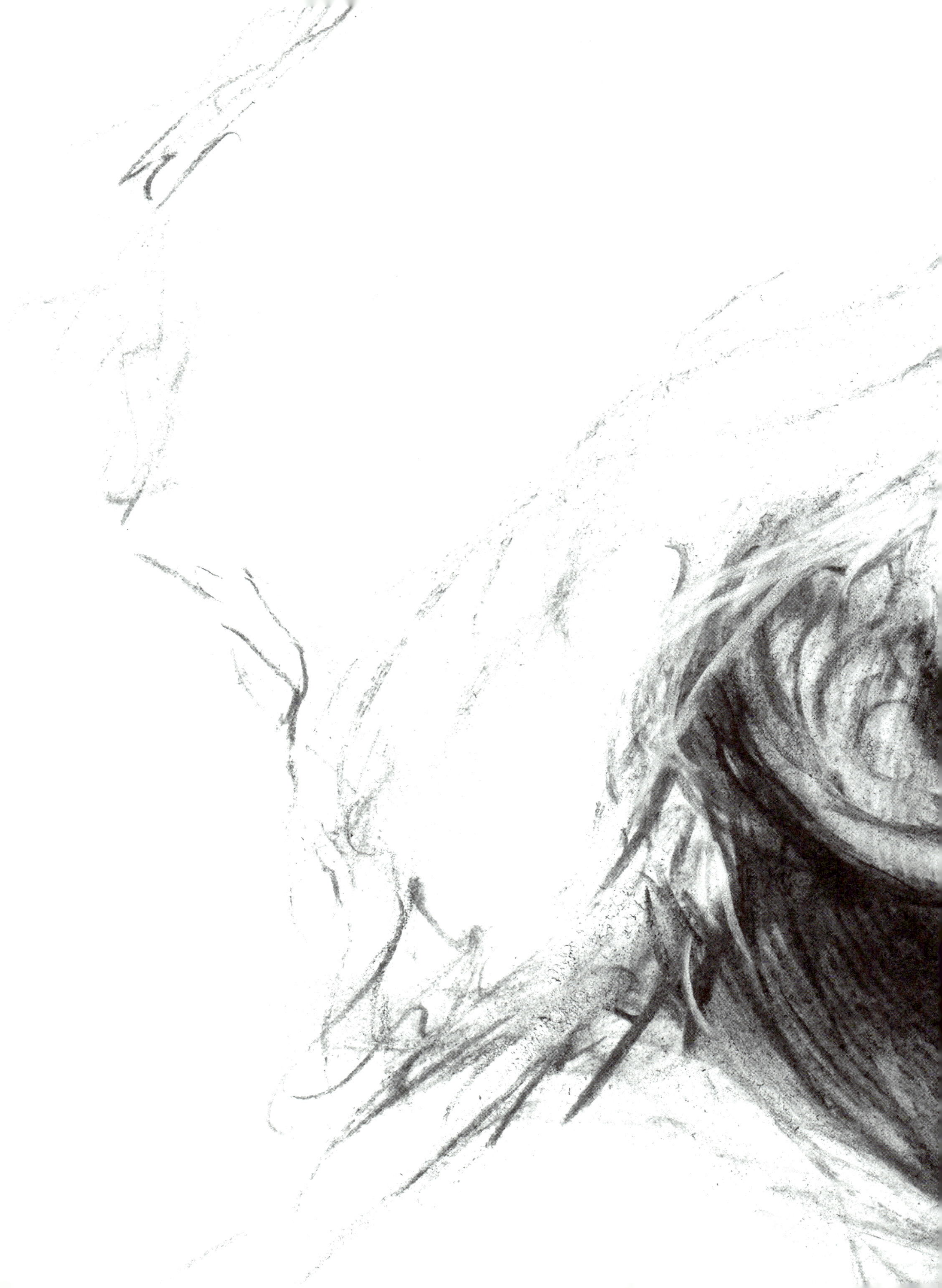

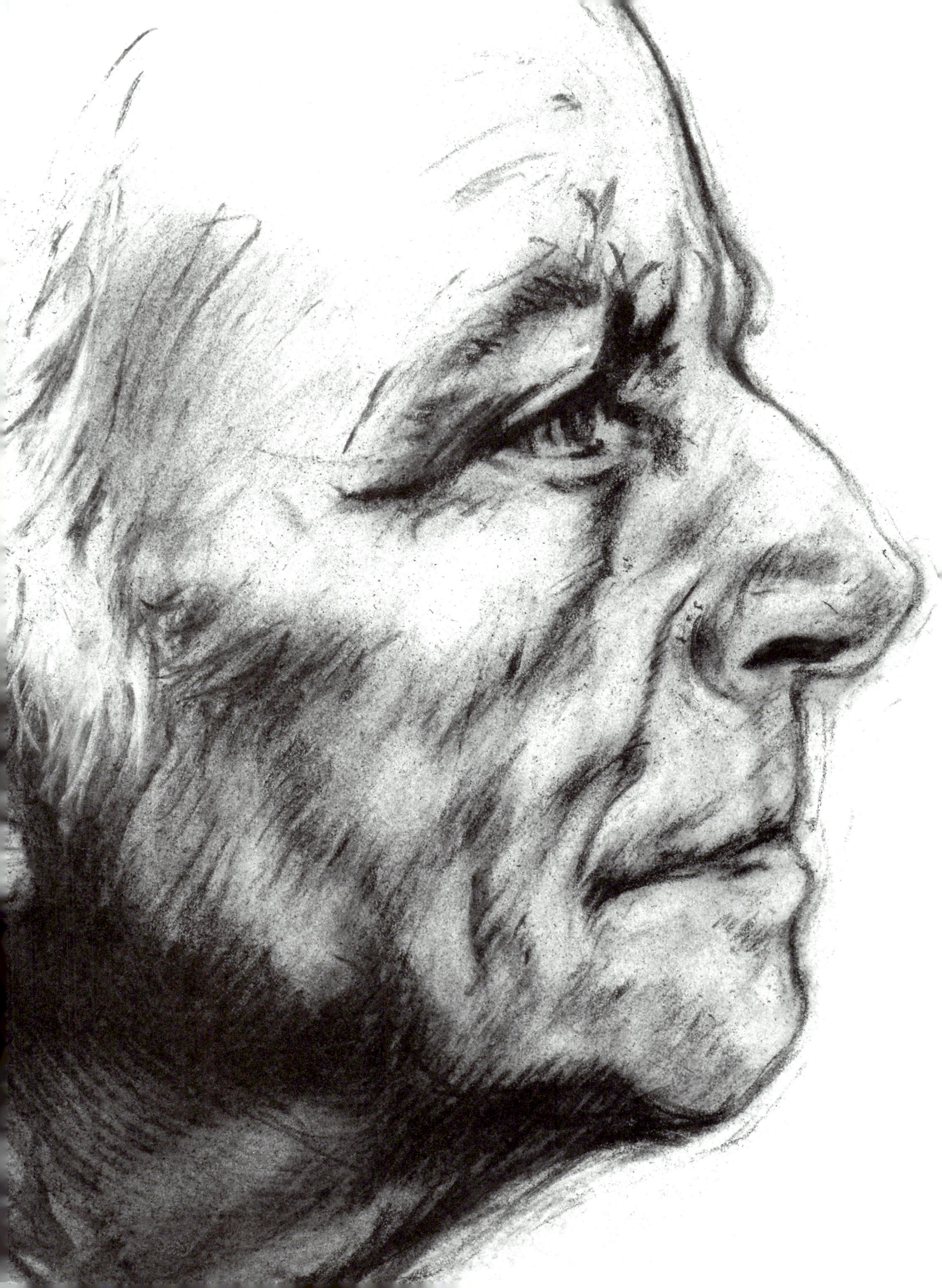

LE MONDE OUVERT À MA FENÊTRE...

On peut ne pas chanter pour passer le temps mais pour dire le temps qu'il fait, la nuit qui tombe et « le vent du midi [qui] s'abat en rafales / Sur la vallée noire », l'aube [qui] se lève grise et sale / Sur la sinistre cour pavée », la faim, la violence, « toutes les misères du monde », le triomphe momentané de « la grande injustice ».

Aller saisir cela dans le détail du quotidien de « millions de pas dérisoires » de la femme condamnée aux travaux domestiques, dans le bureau ou l'usine où la routine d'un « travail » qui perd son sens invite à une morbidité allant jusqu'au suicide ;

À Paris, en Provence, à Moscou ou à Santiago...

Ou ces quatre cents enfants noirs maigres comme la famine,

La petite Vietnamienne de dix-sept ans, victime et héroïne...

« D'où que vienne l'accordéon », tu avais ta façon à toi d'être dans ton temps et dans la vie du monde.

Cette façon d'ouvrir les yeux sur des choses dont on parlait peu.

Cette attention à la réalité derrière l'apparence des choses.

Quand des cons en mal d'exotisme s'extasiaient sur le football samba, tu voyais que pour sortir de la favela il fallait devenir champion. Et des champions, pour des millions qui s'y essayent, il y en a peu qui réussissent.

Tes yeux fouillaient partout et ne rataient rien de la mauvaise vie. Il y avait beaucoup de monde dans tes chansons.

Tous ces lieux où le malheur avait pris racine.

Ta modernité, ta contemporanéité ne se résumait pas à un quant-à-soi sur fond d'ethnocentrisme et de frivolités pour beaux arrondissements. C'était un vaste monde ouvert à ta fenêtre...

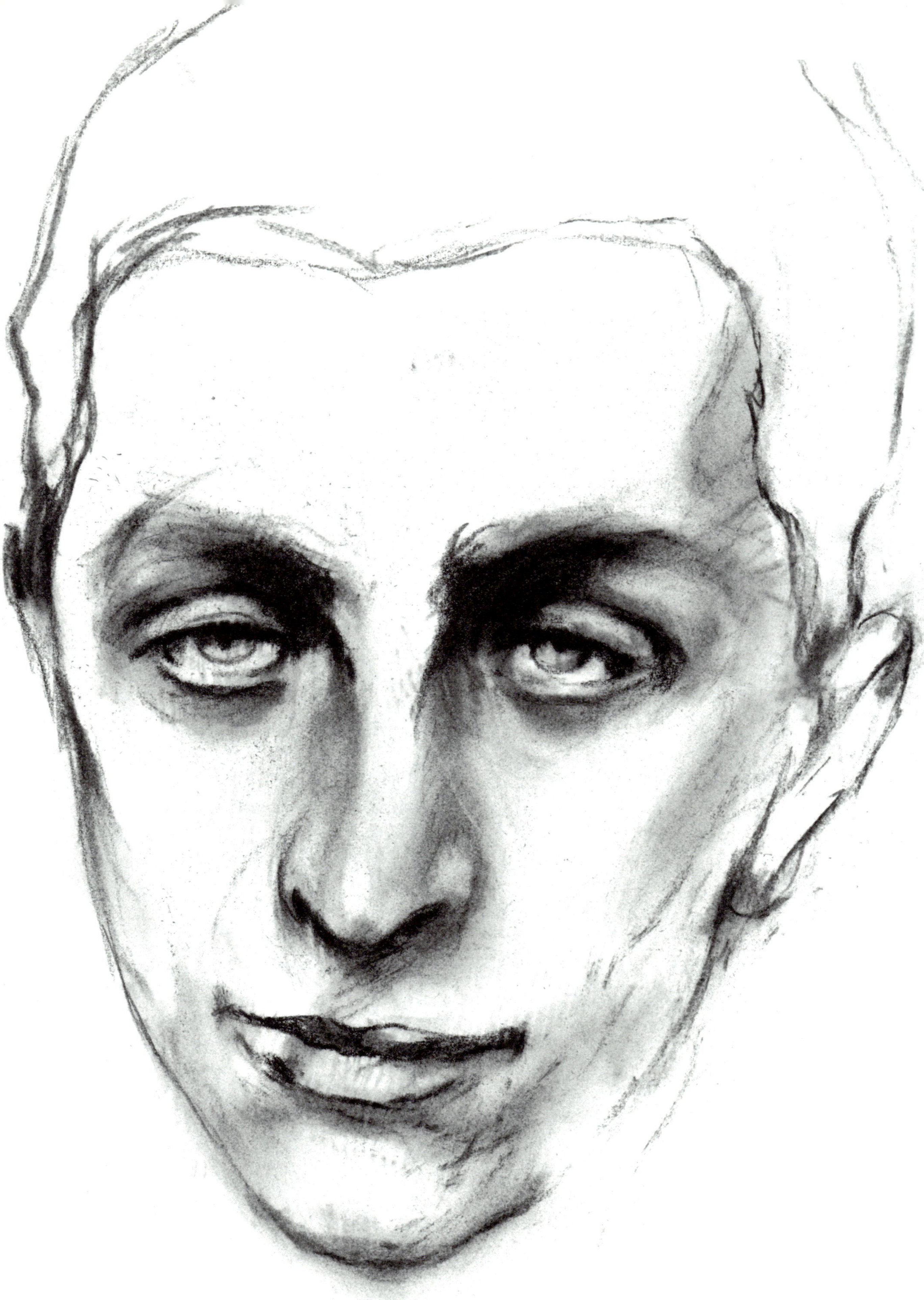

le vingt ans d'ivan

rengtient déjà les

e à toi DESNOS qu

un soir en dorman

ie jusqu'au som

on le destin de n

sous un torche su

par mauvais temp

« La mode qui fait des dollars. »

Les vieilles à qui l'on dit : « tu verras, tu seras bien », avant de les conduire à la maison de retraite où les visites seront rares.

Les gauches qui tournent à droite.

Les émissions de téléréalité, mises en scène grotesques à la limite de l'obscène.

Les profs qui ne savent plus quoi enseigner.

« Assis sur leur chaise / Derrière leur bureau / Comme un long malaise / Qui colle à la peau. » La déprime au travail qui fait les suicidés.

« La bouillie plein la bouche / Grâce aux sondages indiscutables / Dans l'âme du Français moyen. »

Tous ceux qui braient « en amerloque ».

L'héritage des Lumières oublié, mis à mal.

Le racisme. La xénophobie. L'homophobie. L'individualisme sauvage.

Le sacrifice prêché aux pauvres.

Le karcher pour « flytoxer la vermine » qui peuple les cités.

La pensée unique sur fond d'intox télévisée et des CDR qui nous envoient « en l'air ».

Le bling-bling de ceux qui « s'emmerdent avec élégance / De Paris à Saint-Paul-de-Vence ».

Les « jeunes imbéciles » devenus « des vieux cons » qui ont « troqué leurs idéaux / Contre un petit attaché-case ».

Le showbiz d'« un genre de nouveau philosophe / Avec l'idéal au point mort », ceux dont on parle sans cesse, leurs « voitures [leurs] maîtresses, / [leurs] clubs en renom ». De quoi voir « la photo de Pétain dans [s]on verre de Vichy ».

De la jeunesse

e tes mains et le

plus tremblaient

tu meurs sans

CARCO qui ne

te souviens-tu

—

e Nice où nous

on faisait sem

ciel ressembl

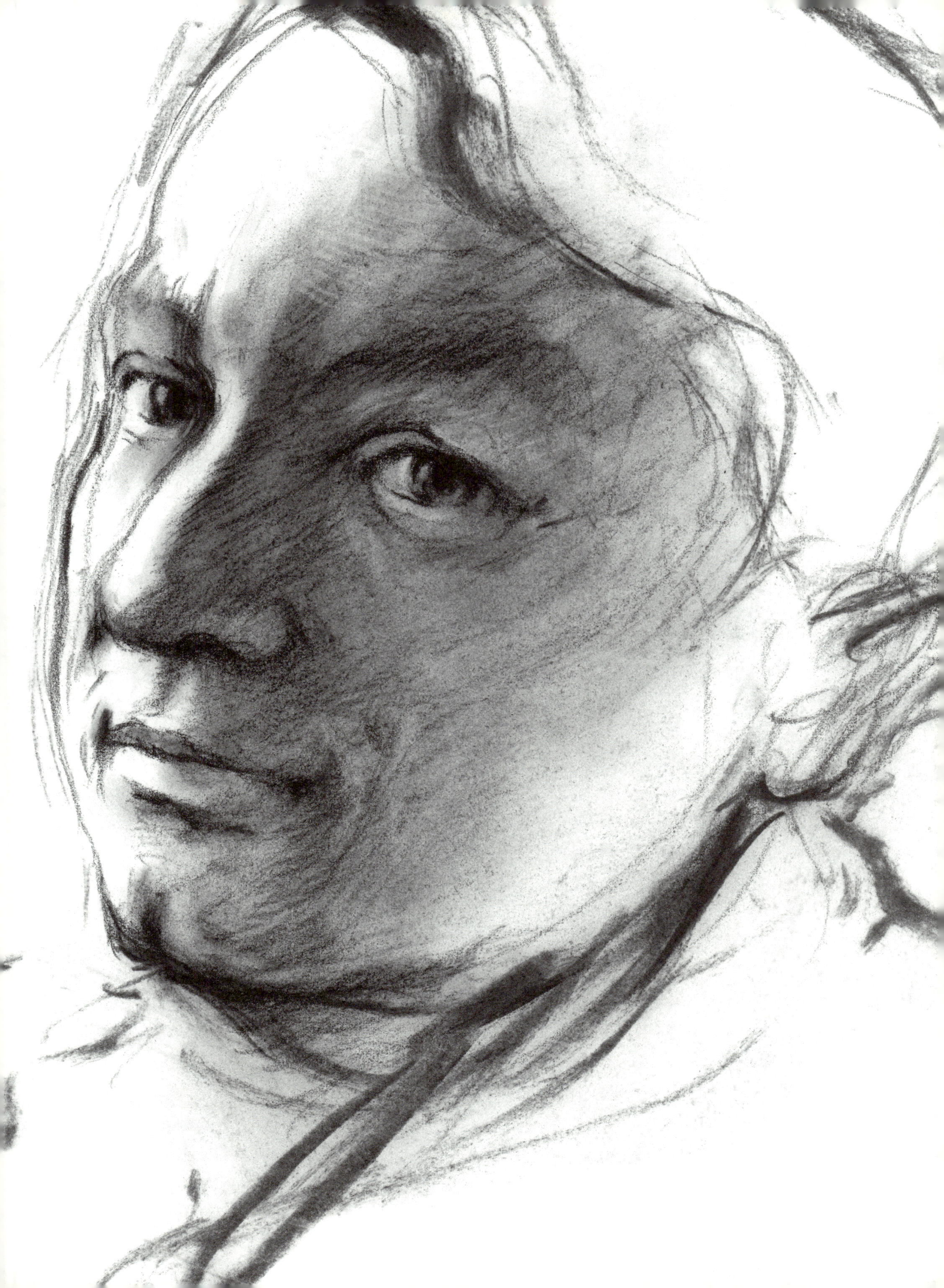

« Que ma voix se déchire / Les gens peuvent bien rire /
Et me traiter de fou /Ce soir hors de moi-même / Je veux
crier " je t'aime " comme peuvent hurler les loups. »

L'amour toujours.

Invention permanente de la route à prendre avec l'autre, de cette multiple présence au monde par laquelle l'étreinte changée en ouverture se déploie, se déplie, fleuve et feu, forme et sens, et convoque le chant au meilleur de lui-même.

Aragon, Éluard, Neruda, Lorca, Apollinaire, il n'y a de poème que d'amour.

L'AMOUR TOUJOURS

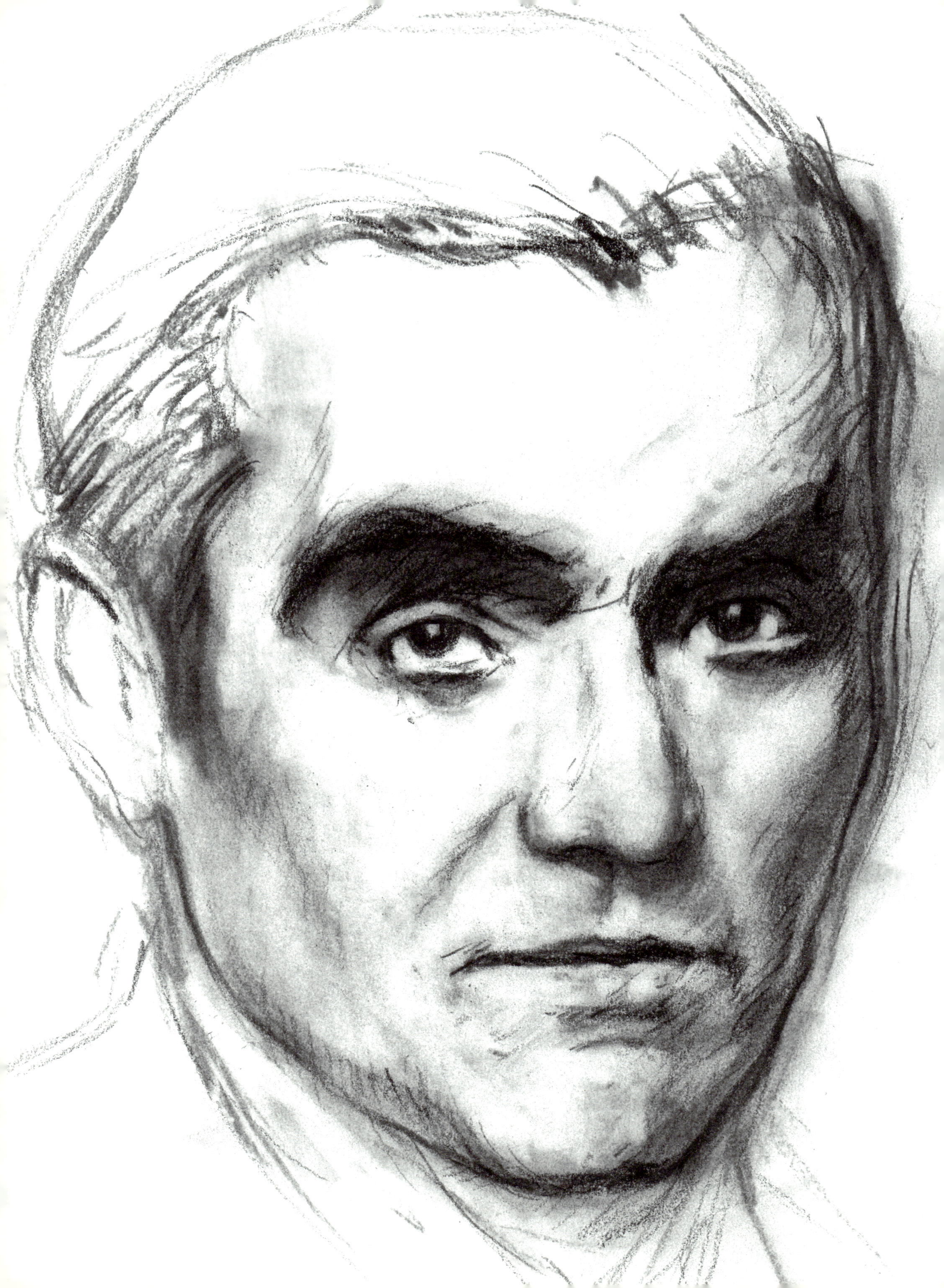

ce que l'homme p

and et le sublime

et des héros

ntre des bourreau

gît devant le cr

Lorca qui s'est t

uivre le silen

e la violence

n poète qu'on tu

LA VIE ET SES COULEURS…

Cézanne, Van Gogh, Toulouse-Lautrec, Matisse, Chagall, Picasso, Renoir, Manet…

Il y avait dans ta voix la vie et ses couleurs.

Des tournesols de « l'homme à l'oreille coupée » à Guernica, « la mort aux cornes ».

En passant par toutes les teintes que prennent les arbres et les paysages.

Tu avais appris à regarder.

Et ces appels à ouvrir nos yeux qui revenaient dans tes chansons rendaient présents non seulement ces couleurs du monde, mais aussi les créateurs de ces lignes et tracés.

Passe l'ombre de Lautrec, figurine difforme et triste.

Et Vincent, bien sûr. On le voit, « ce désespoir » qu'il « traînait toujours à ses pieds / Comme la terre à ses souliers ».

Ce quelque chose à voir, dessiner, peindre, qu'ils étaient parvenus à capter et rendre, tu le voyais, le citais.

Complice des lignes et des couleurs, ta voix donnait à voir. Sans oublier ces destins qui s'étaient joués dans l'incompréhension souvent, la misère parfois. Comme si leurs époques s'étaient acharnées à rater quelque chose de leur humanité blessée et solitaire. Ou de la vie, tout simplement. Pour regarder le réel, le contredire, le convoquer au rêve, au beau, tu appelais « ce ciel des peintures » dont parlait Aragon.

Et à côté des couleurs de sang et de rêve des peintres, dans tes textes, cette dimension visuelle. Un nombre incroyable d'images de la vie. Beauté et laideur. La condition humaine. Le soir qui tombe et le petit jour. « Le Bureau », « Au point du jour », « Chanson pour toi », « Les Saisons ».

Voir. Mais comme le voyant de Rimbaud. Plus que les poètes, les peintres ont symbolisé dans ton œuvre cet être tourmenté qu'est le créateur des grandes œuvres artistiques. Tourment. Difficulté d'être dans un monde mal fait. L'angoisse et la plaie cachées sous la beauté. « Le peintre assis devant sa toile / A-t-il jamais peint ce qu'il voit / Ce qu'il voit son histoire voile / Et ses ténèbres sont étoiles / Comme chanter change la voix. » Le secours d'Aragon encore pour dire que sous ces réussites souvent posthumes qui font le commerce des musées et des galeristes, il y a le sel de la blessure.

Peintres et poètes. Merci pour eux. Qui « ont usé leur vie au danger des images ».

toujours à ses prièr
re à ses souliers
crucifié VINCENT
durant trente an
, bien entre les ch
épines à la t-rec
ampées comme un
Rouge à la Rue Jo
ux-là et tous les d

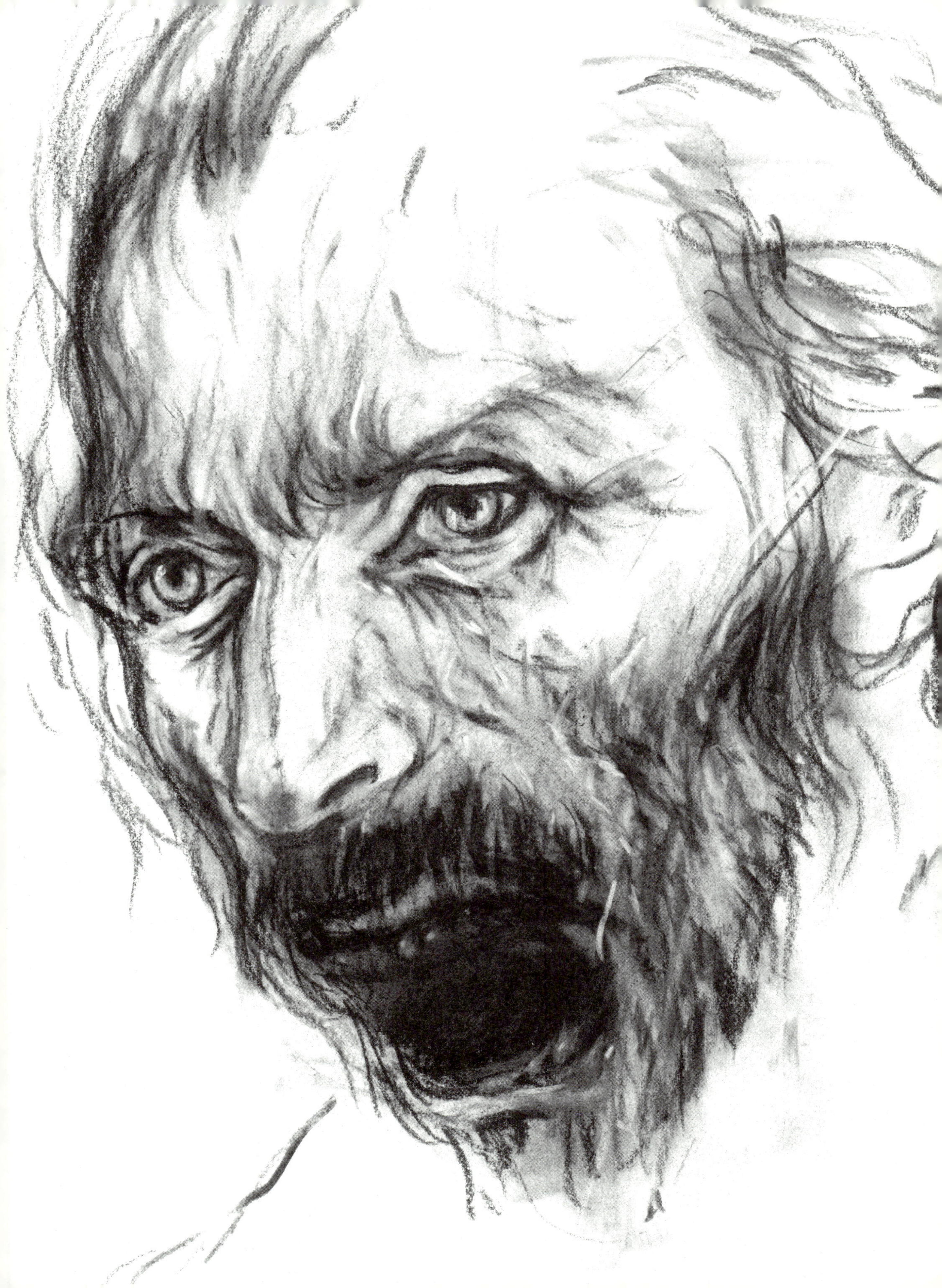

PARDONNEZ-MOI, MADEMOISELLE

Souvent, comme une calomnie ou une manœuvre de disqualification, on t'a jeté l'étiquette « engagé », prise comme synonyme d'une pauvreté thématique, d'un prêche rigide et sans nuances. Déjà, que le ton soit condescendant ou pseudo scientifique, c'est une grande bêtise que d'opposer une conscience sociale à la création artistique. À moins qu'Éluard, Ritsos, Neruda, Alexis... n'aient jamais rien écrit qui vaille.

Mais on a aussi oublié ou l'on fait semblant d'oublier que, dès la première moitié des années soixante et tout le long de ton travail, tu fus l'un des chantres du droit au désir et au plaisir sexuel des femmes. De ces deux enfants au soleil qui découvrent ensemble l'amour et le plaisir, en passant par cette môme qui travaille en usine mais prend quand même le temps de faire l'amour dans son meublé qui donne sur les toits, jusqu'à cette parodie des autorités de contrôle enseignant à la jeune épouse qu'une femme honnête n'a pas de plaisir.

Tu détestais les interdits. Sur l'amour. Sur le corps. « Nous apprendrons à nous connaître / En jetant bas les interdits. » Le dit amoureux s'accompagnait du vœu de la plénitude pour l'être aimé, et de cette idée d'un parcours, d'un chemin à prendre ensemble, pour soi et pour les autres. « Nous apprendrons à voir le monde avec ces hommes d'aujourd'hui / Dont les rêves aux nôtres se fondent à l'infini. »

C'est en 1970, « vos reins de houle profonde » et « ce plaisir qui vous inonde ». Tu n'étais pas le seul. Mais ce n'était pas encore une mode, et il fallait oser.

Dans ta voix, il y avait la défense de toutes les libertés. Celle de la femme, dans toutes ses dimensions, y prenait une grande place, longtemps avant la chanson slogan : « La femme est l'avenir de l'homme ». Sur tous les tons. Joyeux souvent. Et avec de belles images, comme dans « Je vous aime », ou « L'Amour est cerise ».

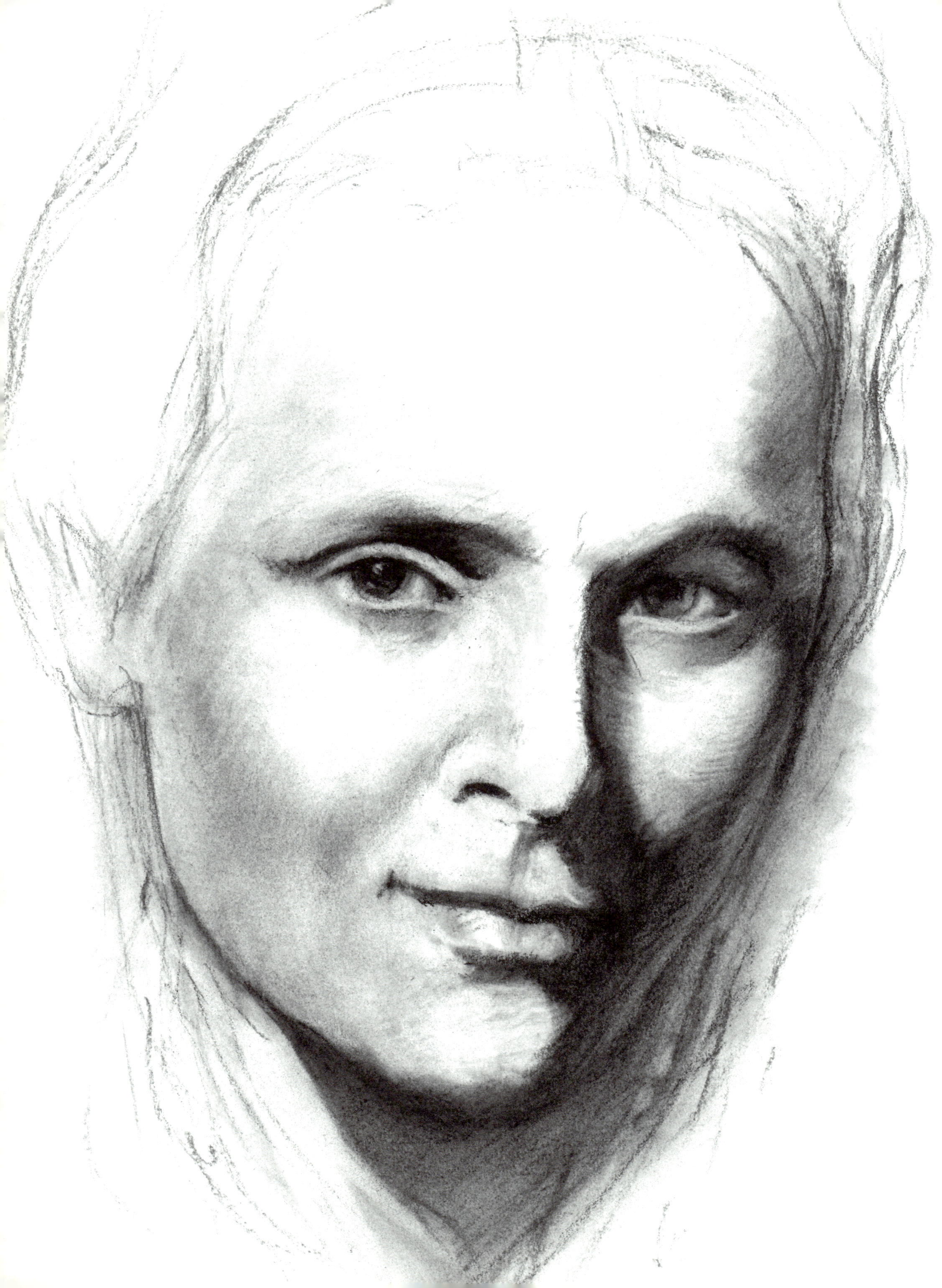

ce soir l'univers

que les [illegible] fragm

riller au dessus

les yeux d'Elsa

ré par les belle

les siens moins

les grands yeux

l'averse ouvre

L'ADRESSE, ENTRE LA TENDRESSE ET L'INVECTIVE

Ferré aussi avait cet art d'interpeller le passant, les grands de ce monde, ministres et généraux… De parler *de* en parlant *à*. En convoquant les acteurs et acteurs potentiels. Leur donnant acte pour qu'ils prennent acte. L'adresse était chez toi plus qu'un procédé littéraire, mais l'expression d'une vérité immédiate qui te brûlait les lèvres. Dire sans différer.

Tendresse, générosité et respect d'un côté : « Vous, affamés d'hier, ombres maigres et dures… », « Vous étiez vingt et cent, vous étiez des milliers », « Vous aviez combattu partout la bête immonde »…

Invective et harangue pour tout porteur d'injustice : « Que venez-vous faire, camarades ? Que venez-vous faire ici ? » à ceux qui envahissent un pays frère.

« Dissipez vos illusions / Vous ne m'aurez pas quand même », à ceux qui croyaient que la renommée et la fortune te guériraient de tes convictions.

« Il se peut que je vous déplaise en peignant la réalité », à ceux qui s'énervent de l'audace d'un « chanteur de variété » qui parle de poètes qu'on assassine et d'injustices sociales.

Et Aragon, à la rescousse. Parler, se faire entendre, aider, « c'est un rêve modeste et fou […] Vous me mettrez avec en terre… », à ceux qui ne comprendront pas, ne partageront pas l'angoisse d'un passage raté, trop peu utile.

C'est de plus en plus rare une voix qui, semonce et secousse, ose nous dire : « Je ne courberai pas la tête / À la fin de mes chansonnettes / Je préfère vous regarder droit. »

Regarder droit, et parler les yeux dans les yeux. C'était toi.

je tue ou quelq

n nom du bien

seuls le savent c

MACHADO dor

trois pour suffire

que le ciel pour

il s'assit dans

et fermé les yeux

au-dessus de lui e

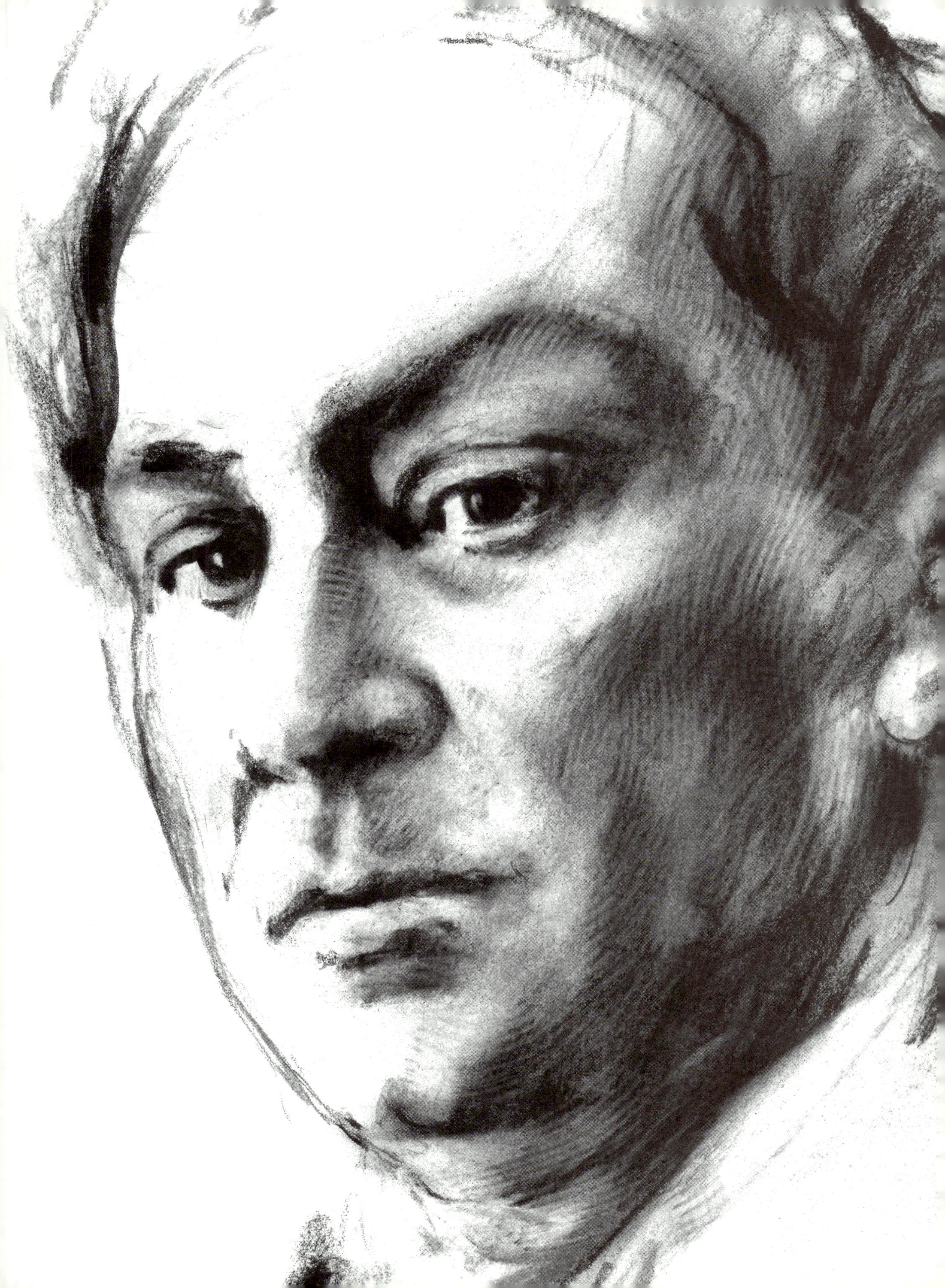

EN UN MOT : LE POÈME

Vers ou verset, fait, défait, rire, sang, clarté et mystère, torture et délivrance, crachat et semence, temple, ruine, ni ruine ni temple, ce qui demeure, lie, délie, preuve de rien, preuve de tout, ce que dit l'arbre à la branche, la branche au pendu, le vent au vent, la fenêtre au passant, nuit, interminable nuit sous le mètre et l'iambe, lèvres rendues à leur murmure et à leur cri, pari gagné perdu, inutile et imprescriptible, bleu, noir, rouge, vert, hors saison et « saison des hommes », mortes, vivantes, douces, dures, semblables et dissemblables, toutes ces voix dans ta voix, solitude, légions, en un mot : le poème.

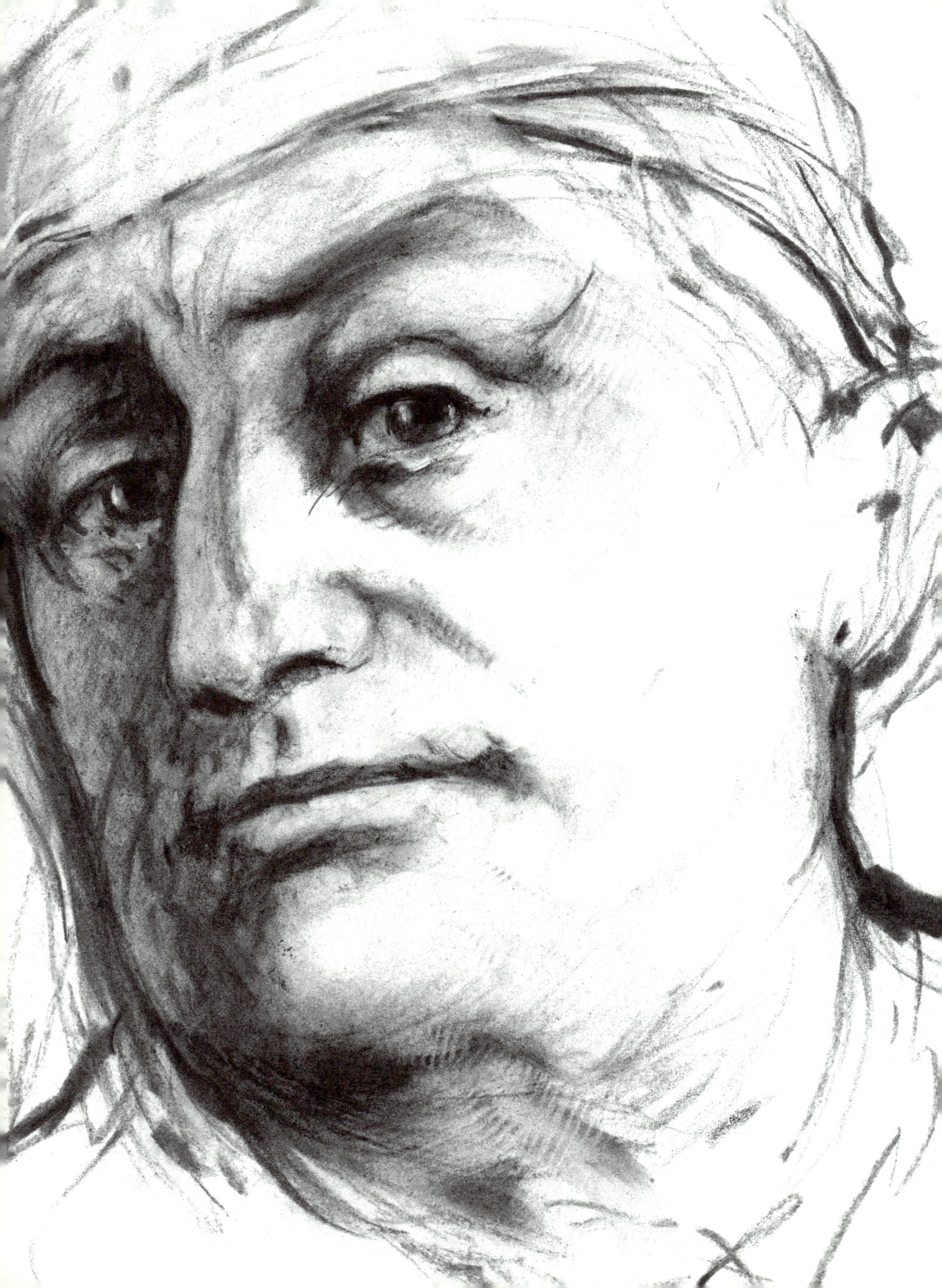

souvenir qu'on ou

je meurs là-ba

-t'en quelque

ose et l'amour

g c'est la fon

la plus heureu

nique amour e

Apollinaire

LEURS LARMES POUR DE L'EAU

Ce n'est pas parce qu'un homme est debout qu'il faut le prendre pour une machine. Tu avais cette angoisse du passant qui peut-être ne s'arrêterait pas, éviterait ton bonjour, sourd à l'appel porté par ton chant. « Et vous passez votre chemin / Sans savoir ce que dit ma bouche. » Aragon encore : « Tous ceux qui parlent des merveilles [...] / Ce sont des oiseaux déguisés » donnant « leurs larmes pour de l'eau ». Tu étais de ces oiseaux-là.

île

Saint Louis se lève

Baudelaire je pe

j'appris à voir

c'est votre

Paris que je

Il fallait pour qu

Paris change

me blêmissent leur

nte la longueur

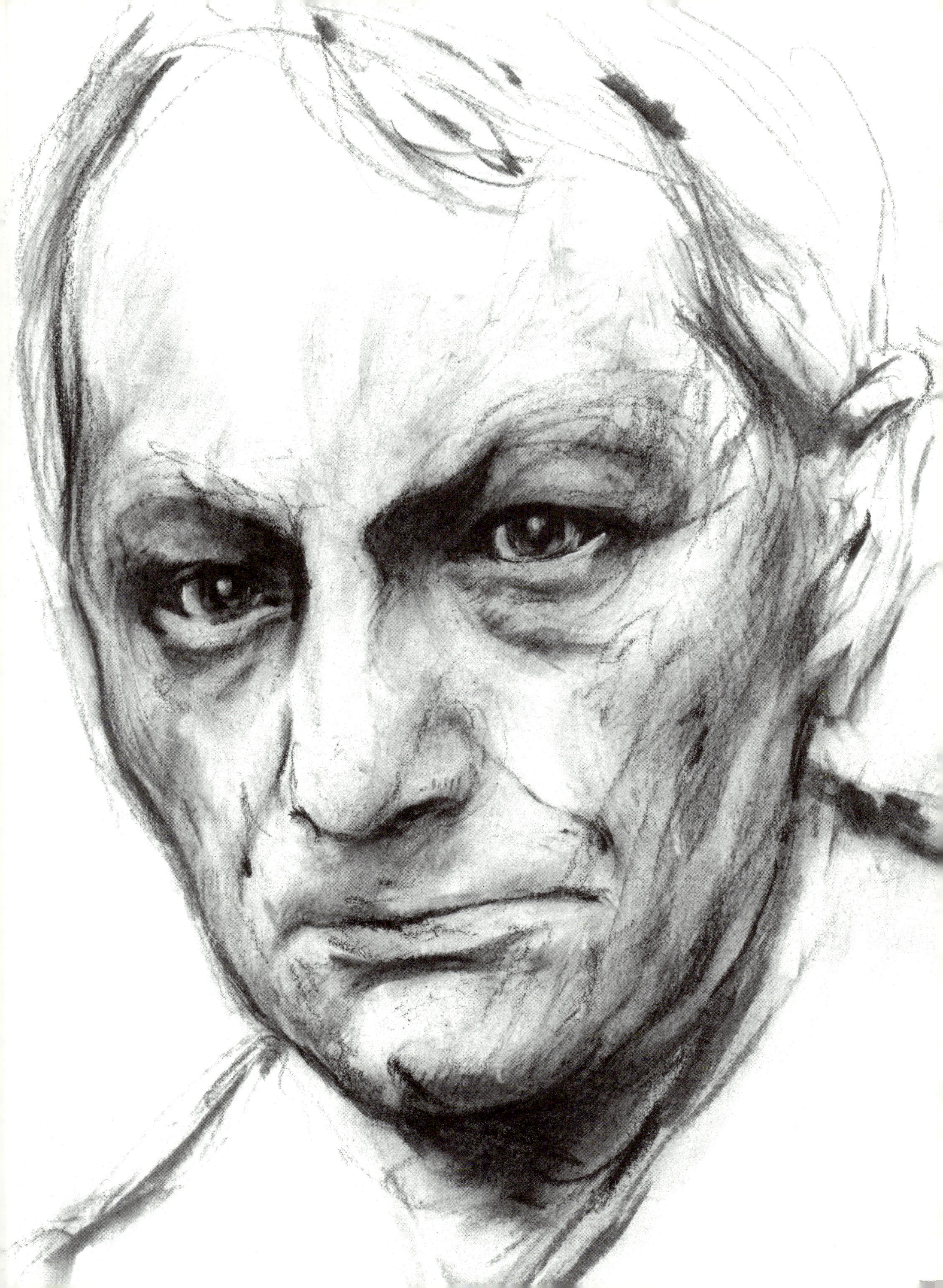

Du début des années soixante jusqu'au début des années deux mille, tu as suivi les formes de déshumanisation et d'abêtissement qui menaçaient ton pays. C'est en 1969 que tu écris « Le Bureau ». S'y annoncent déjà les déprimes, les suicides, la perte de sens de ceux qui ne savent ni ce qui les attend ni ce qu'ils attendent. En 1962 que, sur des paroles de Michelle Senlis, tu chantes « Le P'tit Jardin », qui « perd ses lilas par centaines » au profit de monstres en béton.

« C'est fou ce que je m'acclimate / Au jardin d'acclimatation. » Lucidité plus que divination, tu as su voir venir toutes les régressions, l'affaissement éthique, la résignation et les stratégies d'acclimatation. C'est une France bien loin de la tienne qui triomphe aujourd'hui. Tu l'avais dit : « Jésus-Marie » / Quelle décadence / Quelque chose est pourri / Dans mon royaume de France.»

JÉSUS-MARIE, QUELLE DÉCADENCE

la main qui se p

moin du mal d

ufle la poitrine

à MAÏAKOVSKI

u on assassine.

ment pourquoi pa

te pas pour pa

vert à ma fenê

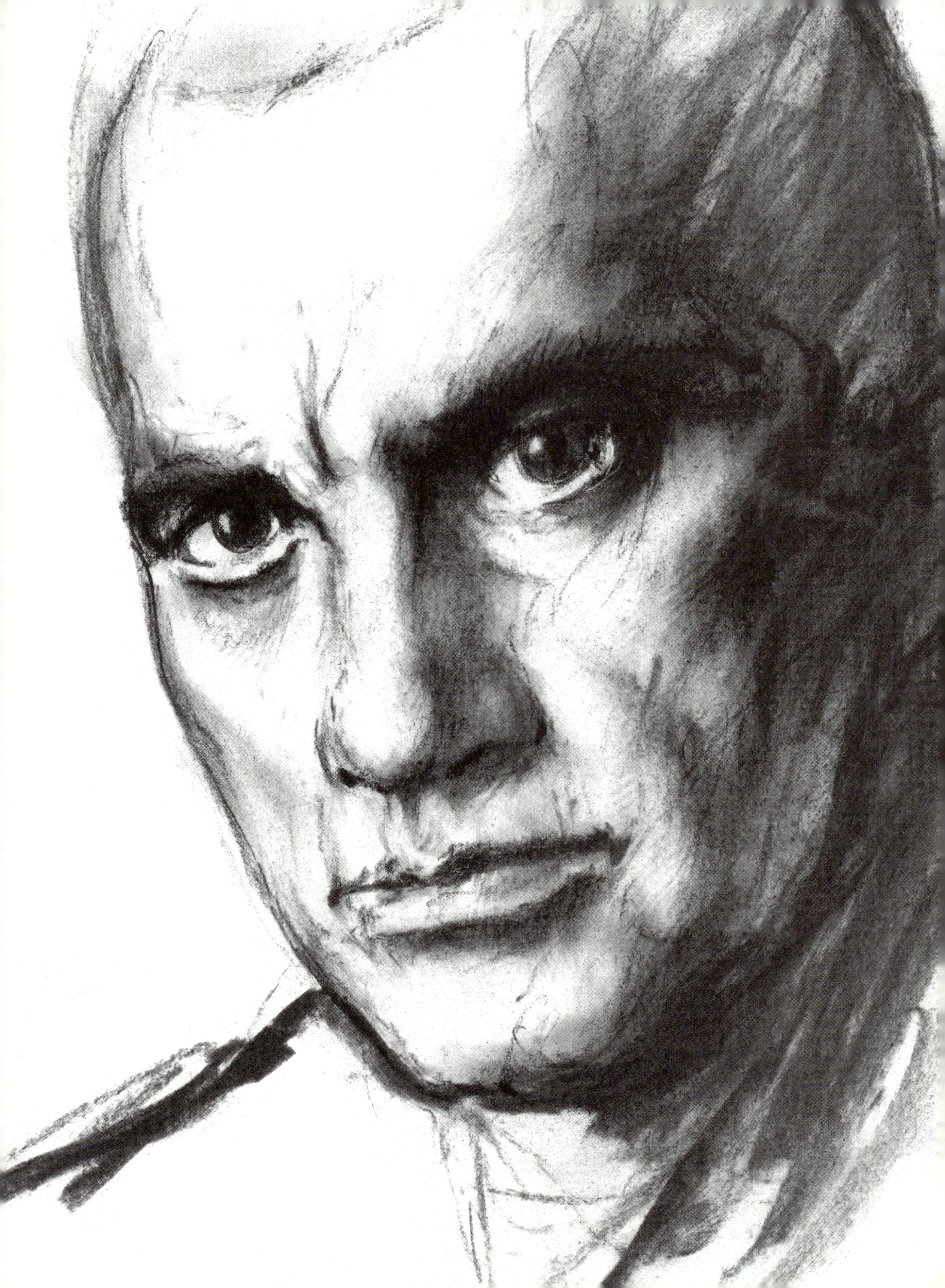

C'EST FOU CE QUE JE
AU JARDIN

M'ACCLIMATE D'ACCLIMATATION

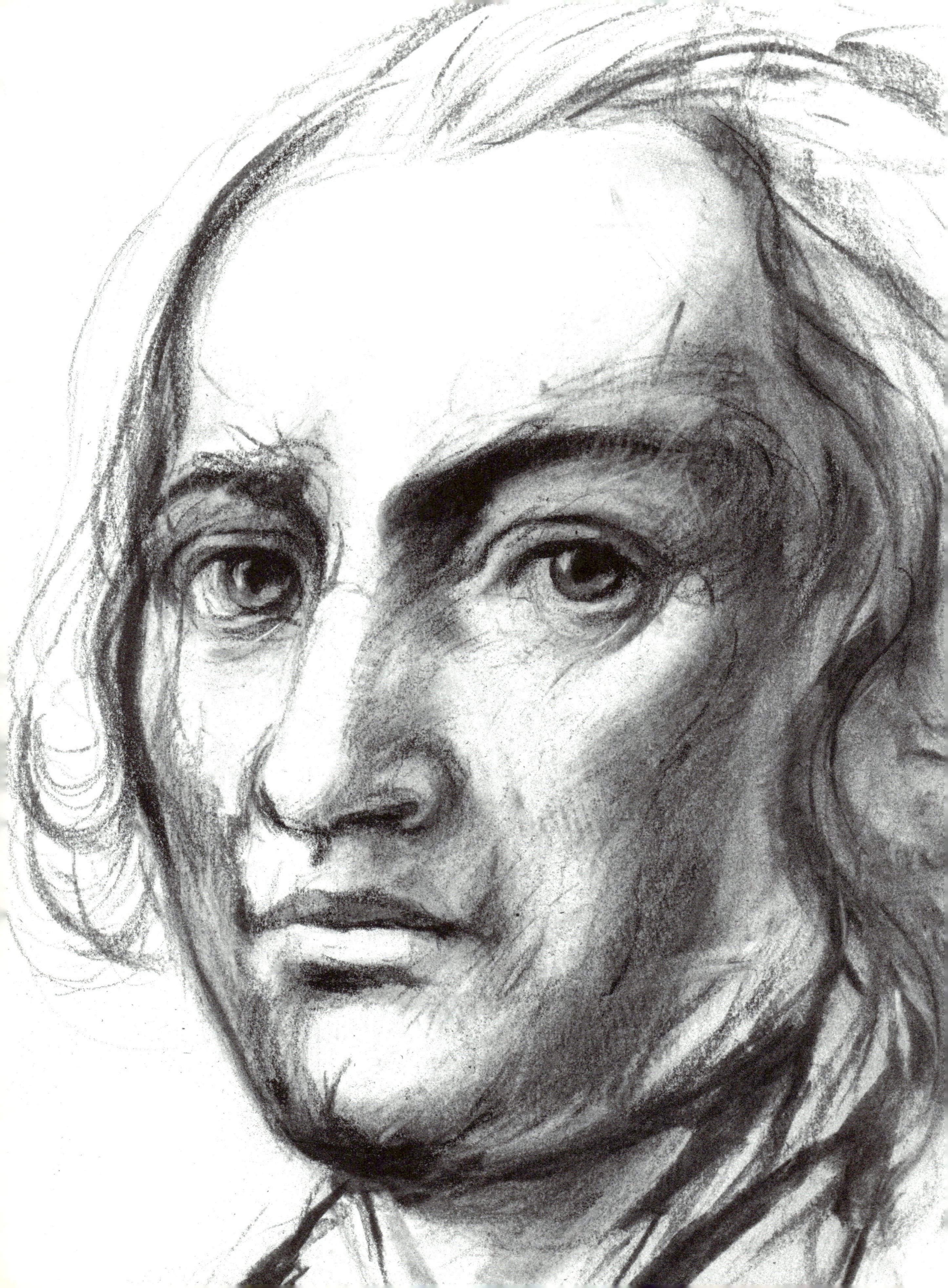

edut et des plain

toits des collines

monte à gorge plei

étoile Hölderlin

étoile VERLAINE

rant la TAVERNE

ine pour y mour

ns et de leurs rires

ne LANTERNE

Index des portraits

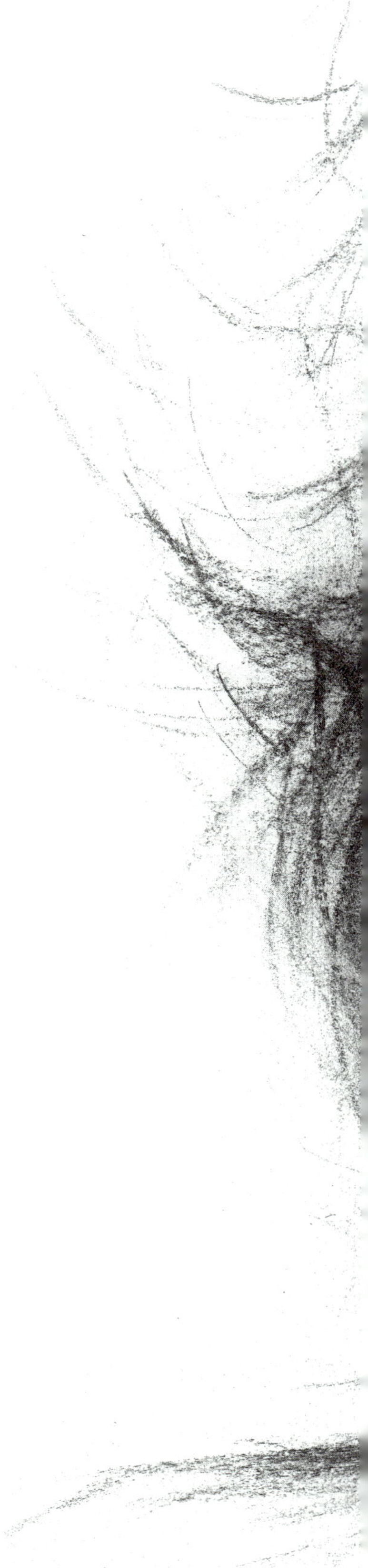

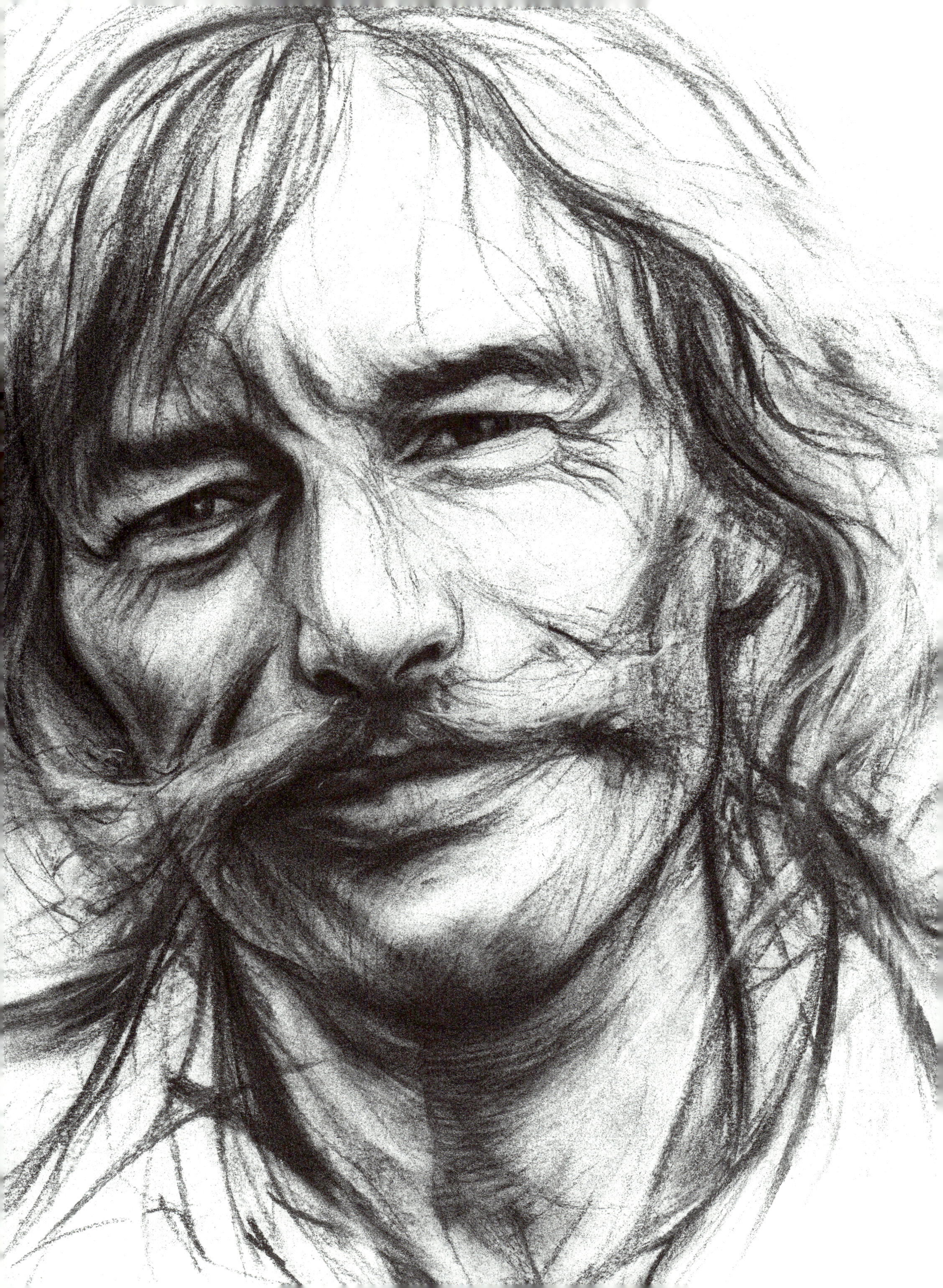

Un dialogue en poésie

Pour écrire cette promenade poétique adressée à Jean Ferrat, Lyonel Trouillot a puisé le matériau de ses mots dans le répertoire de l'artiste. Les lecteurs qui connaissent bien l'œuvre du chanteur auront notamment reconnu, au passage : « Nuit et Brouillard », « Ma France », « Camarade », « La femme est l'avenir de l'homme », « Pauvre Boris », « Le bilan », « L'Amour est cerise », sans oublier, bien sûr, « Tu aurais pu vivre encore un peu ».

Des dizaines d'autres titres, ainsi que des réminiscences de poèmes interprétés par Jean Ferrat, constituent la toile de fond de ce dialogue en poésie, par-delà l'espace et le temps. Une intertextualité féconde qui montre combien les chansons que l'on aime nous accompagnent. Toute la vie. Pas à pas. Mot à mot. Pour notre bonheur. Pour notre lumière…

Bruno Doucey

Les murs du lendemain

Du journal que l'on vend le matin d'un dimanche
À l'affiche qu'on colle au mur du lendemain

Jean Ferrat, « Ma France »

C'est la nuit que se font les choses du lendemain. Le pain. Le rêve. Le mur même. Et les taches qui, sans le recouvrir, donneront des yeux à cette force aveugle dressée entre les hommes.

Si ce n'est pas de l'affichage au sens vulgaire du terme, les artistes, les grands, auront couvert les murs du monde du rouge du sang ou du fruit mûr, de la grisaille des jours sans, d'une espérance d'un jour futur, « un jour d'épaule nue où les gens s'aimeront ».

C'est dans cette nuit du monde, en grimpant au-dessus des murs horribles du présent et du passé, ou se glissant en-dessous, avec l'aide des artistes qu'il dessine, tels qu'il les voit et les aime, qu'Ernest Pignon-Ernest a jeté des trous de lumière. Y traçant, de lignes et de couleurs, ce qu'Éluard appelait « une mémoire pour l'avenir ».

Le mur vu par Ernest est un miroir percé où des visages blessés parlent quand même d'espoir.

Lyonel Trouillot

Deux artistes en résidence

Cet ouvrage, dédié au chanteur Jean Ferrat, décédé il y a tout juste dix ans, est issu d'une magnifique collaboration entre Ernest Pignon-Ernest et Lyonel Trouillot, invités pour une résidence artistique au Cairn de Meyrin lors de la 18e édition du Festival du film et forum international sur les droits humains à Genève.

Durant dix jours, le FIFDH propose des films suivis de débats de haut niveau pour dénoncer toutes les violations contre les droits humains partout où elles se produisent. Depuis dix-huit ans, il se tient chaque année au cœur de Genève, la capitale internationale des droits humains, en parallèle à la session principale du Conseil des droits de l'homme de l'ONU. Le Cairn est un lieu d'art et de culture à l'échelle humaine consacré à la création contemporaine, à l'expérimentation artistique et à la médiation culturelle. Ses activités se déploient sous la forme d'ateliers, de résidences d'artistes et d'expositions temporaires collectives ou individuelles. C'est une entreprise délicate et en constante mutation qui encourage l'hybridation des pratiques, les croisements entre l'art et l'urbanisme, l'économie, le social et l'éducation.

Ernest Pignon-Ernest était l'artiste à l'honneur de la 18e édition du FIFDH et a présenté ses œuvres lors d'une exposition « Les Murs du lendemain » du 7 au 29 mars 2020 au Cairn de Meyrin.

Ce projet, organisé en partenariat avec le service de la culture de la commune de Meyrin et le FIFDH, a été soutenu par la Fondation Meyrinoise du Casino.

Thierry Ruffieux

Remerciements

Ce livre n'aurait jamais vu le jour sans une importante chaîne de solidarité.
Que toutes celles et ceux qui contribué à sa réalisation soient ici chaleureusement remerciés.

Pour la résidence artistique au Cairn de Meyrin

James Berclaz-Lewis
Steve Dunand
Lara Paoliello
Jean-Luc Riesen
Axel Roduit
Thierry Ruffieux
Maribel Sanchez
André Siegel

ainsi que :

Sonia Gonzalez & Mélanie Herrmann du Studio BAD

Isabelle Gattiker, Florence Lacroix & toute l'équipe du Festival du film et forum international sur les droits humains, Genève

Pour la publication de l'ouvrage :

Sonia Gonzalez & Mélanie Herrmann du Studio BAD
pour leur engagement et leur professionnalisme

François Rieg & Philippe Delangle de Dans les villes
pour leurs conseils avisés et leur regard bienveillant

Ariane Lefauconnier & Murielle Szac des Éditions Bruno Doucey
pour leur acuité de regard

Les membres de La Presqu'Île, association des amis des Éditions Bruno Doucey,
pour la généreuse contribution apportée à l'édition de ce livre.

Ernest Pignon-Ernest

Ernest Pignon-Ernest, né à Nice en 1942, vit et travaille à Paris. Depuis près de cinquante ans, il appose des images sur les murs des cités pour « faire du lieu un espace plastique et en travailler la mémoire, en révéler, perturber, exacerber la symbolique », ainsi que lui-même le confiait à André Velter dans un entretien. L'itinéraire de cet artiste, considéré comme l'un des précurseurs de l'art urbain en France, est indissociable des rencontres qu'il effectue, de ses voyages et des causes pour lesquelles il s'engage. En 1974, il joue ainsi un rôle important dans la campagne « Artistes du monde » contre l'apartheid ou travaillera quelques années plus tard sur le thème de l'avortement. De Calais à Alger, de Naples à Soweto, du Chili à Haïti, c'est « face aux murs » qu'il s'exprime, cherchant à saisir la complexité du réel pour y inscrire un élément de fiction. Les poètes ne sont jamais loin de son travail, ainsi qu'en témoignent les œuvres qu'il a consacrées à Arthur Rimbaud, Antonin Artaud, Robert Desnos, Mahmoud Darwich, Pablo Neruda ou Pier Paolo Pasolini.

http://pignon-ernest.com

Lyonel Trouillot

Lyonel Trouillot, né à Port-au-Prince en 1956, effectue des études de droit, avant de se tourner vers la littérature qui le fascine depuis l'enfance. Il collabore à différents journaux et revues d'Haïti et de la diaspora, écrit des textes critiques, des poèmes, des chansons, ainsi qu'une œuvre romanesque de premier ordre. *Yanvalou pour Charlie* (2009), *La Belle Amour humaine* (2011), *Parabole du failli* (2013), plus récemment *Ne m'appelle pas Capitaine* (2018), tous publiés en France chez Actes Sud, ont contribué à faire de cet écrivain, qui a fait le choix de ne pas quitter Haïti, l'une des grandes voix de la littérature francophone. La poésie, écrite en français ou en créole, ne lui est pas non plus étrangère : on lui doit l'*Anthologie bilingue de la poésie créole haïtienne de 1986 à nos jours* (Actes Sud, 2015), ainsi que le recueil *C'est avec mains qu'on fait chansons* (Le Temps des Cerises, 2015). Depuis une douzaine d'années, Lyonel Trouillot anime également l'Atelier Jeudi Soir, qui propose des ateliers d'écriture et réédite des ouvrages haïtiens publiés à l'étranger. Un livre écrit avec Marie-Bénédicte Loze et illustré par Ernest Pignon-Ernest est né de ces rencontres : *Cité perdue*, publié aux Éditions Bruno Doucey en 2019.

Troisième tirage

Cet ouvrage
a été achevé d'imprimer
en mars 2021
sur un chemin de partage
pour le compte de Bruno Doucey
poète, éditeur de poètes
sur les presses de l'imprimerie
Factory B & M

Conception graphique
de la collection « Passage des arts »
Dans les villes, Strasbourg

Conception graphique
du livre *Tu aurais pu vivre encore un peu…*
Studio BAD, Genève

Correction
Agence abcd'ère, Lorient

///

Dépôt légal : novembre 2020

///

Imprimé en Espagne

Cet ouvrage est imprimé, pour l'intérieur, sur papier offset
Munken Pure Cream 120 g, provenant de la gestion durable
des forêts, produit par des papetiers dont les usines ont
obtenu la certification environnementale iso 14001 et opèrent
conformément aux normes ECF et EMAS.